# Mera Vere

*„Jer kroz blagodat koja je meni data kažem svakome koji je među vama da ne mislite za sebe više nego što valja misliti; nego da mislite u smernosti, kao što je kome Bog udelio meru vere."*
(Poslanica Rimljanima 12:3)

# Mera Vere

*Dr. Džerok Li*

**Mera Vere** autor Dr. Džerok Li
Objavile Urim knjige (Predstavnik: Kungtae Noh)
73, Yeouidaebang-ro 22-gil, Dongjak-gu, Seoul, Koreja
www.urimbooks.com

Sva prava su zadržana. Ova knjiga ili njeni pojedini delovi ne smeju biti reprodukovani u bilo kojoj formi, ili biti smešteni u bilo kom renta sistemu, ili biti transmitovana bilo kojim načinom, elektronski, mehanički, fotokopiranjem, snimanjem, ili slično, bez prethodnog pismenog ovlašćenja izdavača.

Ukoliko nije drukčije navedeno, svi Biblijski navodi uzeti su iz Svetog Pisma, NOVA AMERIČKA STANDARDNA BIBLIJA, ®, Autorska Prava © 1960, 1962, 1963, 1968, 1971, 1972, 1973, 1975, 1977, 1995 od strane The Lockman Foundation. Korišćeno uz dozvolu.

Autorska prava © 2016 od strane dr. Džerok Lija
ISBN (Međunarodni standardni broj knjige): 979-11-263-0137-9 03230
Prevodilačka Autorska Prava © 2012, od strane dr. Ester K. Čung (Dr. Esther K. Chung). Korišćeno uz dozvolu.

Prethodno objavila na korejskom jeziku Urim knjige u 2002. g.

***Prvo izdanje, avgust 2016***

Uredio dr. Geumsun Vin
Dizajnirao urednički biro Urim Books
Štampa Prione Printing Company
Za više informacija kontaktirajte: urimbook@hotmail.com

# Predgovor

U želji da svako od vas poseduje veru u celokupnoj meri duha i uživa večnu i nebesku slavu u Novom Jerusalimu u kome je tron Božji!

Zajedno sa nedavno objavljenom knjigom *Poruka sa Krsta*, *Mera Vere* je najbitniji i najvažniji pravac do dobrog Hrišćanskog života. Ja dajem svu zahvalnost i slavu Bogu Ocu koji je blagoslovio da ovaj važan rad bude objavljen i otkriva duhovno kraljevstvo nebrojenim ljudima.

Danas ima mnogo ljudi koji tvrde da veruju ali nisu sigurni u svoje spasenje. Oni ne znaju o meri vere i koliko veliku veru treba da imaju da bi primili spasenje. Ljudi govore jedni o drugima: „Ovaj čovek ima veliku veru," ili „Vera ovog čoveka je mala." Ipak, nije lako znati koliko od vaše vere Bog stvarno prihvata ili izmeriti koliko je velika vaša vera ili koliko je porasla. Bog ne želi da imamo telesnu veru već duhovnu veru praćenu delima. Za ljude se kaže da imaju telesnu veru ako samo čuju ili nauče Reč Božju i onda je zapamte i smatraju znanjem. Mi ne možemo da imamo duhovnu veru sopstvenom voljom; to nam je dato samo od Boga.

Zbog toga nas Poslanica Rimljanima 12:3 upućuje: *„Jer kroz blagodat koja je meni data kažem svakome koji je među vama da ne mislite za sebe više nego što valja misliti; nego da mislite u smernosti kao što je kome Bog udelio meru vere."* Ovaj pasus nam govori da svaki pojedinac ima njegovu ili njenu duhovnu Bogom danu veru, i Njegovi odgovori i blagoslovi se razlikuju u odnosu na meru vere svake osobe.

1. Poslanica Jovanova 2:12 i sledeći stihovi opisuju rast vere svake osobe kao veru nezrelih/nesigurnih beba, dece, mladeži i očeva. U 1. Poslanica Korinćanima 15:41 čitamo: *„Druga je slava suncu, a druga slava mesecu, i druga slava zvezdama; jer se zvezda od zvezde razlikuje u slavi."* Ovaj pasus nas podseća da su slava i mesto nebeskog boravka svakog pojedinca različiti, u skladu sa merom njegove ili njene vere. Važno je da se primi spasenje i da se ode u Raj, ali važnije je da znamo na koje mesto boravka u Raju ćemo otići i kakve krune i nagrade ćemo primiti.

Bog ljubavi želi da Njegova deca rastu do pune mere vere, raduje se njihovom ulasku u Novi Jerusalim u kojemu je Njegov tron i žudi da tamo živi sa njima zauvek.

U skladu sa Božjim srcem i učenjem Reči, *Mera Vere* objašnjava pet nivoa vere i nebesko kraljevstvo, i pomaže čitaocu da odmeri nivo njegove ili njene sopstvene vere. Mera vere i mesta boravka u nebeskom kraljevstvu mogu biti podeljeni na više od pet nivoa, ali ovo delo ih obrađuje u pet nivoa kako bi pomoglo čitaocima da lakše razumeju. Nadam se da ćete napredovati ka Raju još energičnije upoređivanjem mere vaše vere sa merom predaka vere u Bibliji.

Pre mnogo godina, molio sam se da dobijem razjašnjenje nekih stihova iz Biblije koje je bilo teško shvatiti. Onda jednog dana, Bog je počeo da mi objašnjava da je nebesko kraljevstvo podeljeno i da se nebeska mesta boravka data svakom od Njegove dece razlikuju u skladu sa merom njegove ili njene vere.

Posle toga, ja sam propovedao o nebeskim mestima i o meri vere, pripremao ove poruke za štampu kako bih objavio ovo delo. Zahvalio sam se Geumsun Vin, direktorki i mnogim savesnim radnicima u ovoj izdavačkoj kući. Takođe se zahvaljujem prevodilačkom birou.

Neka svaki čitalac *Mera Vere* dostigne potpunu meru vere, veru celog duha i uživa večnu slavu u Novom Jerusalimu u kome je tron Božji, molim se u ime našega Gospoda Isusa Hrista!

*Džerok Li*

# Uvod

Nadam se da će ovo delo biti dragoceni priručnik u odmeravanju vere svakog pojedinca i voditi nebrojene ljude do mere vere koja zadovoljava Boga...

*Mera Vere* obuhvata pet nivoa vere, od duhovne mere vere nezrelih/nesigurnih beba koje su tek prihvatile Isusa Hrista i primile Sveti Duh, sve do mere vere očeva koji znaju Boga, Onog koji je od pre samog početka. Kroz ovo delo, svako može dostići meru svoje sopstvene vere.

Poglavlje 1: „Šta je vera?" određuje veru i detaljno raspravlja o vrsti tipu koja zadovoljava Boga i vrstama pitanja i blagoslova koji prate veru prihvatljivu Bogu. Biblija razvrstava veru u dve vrste: „telesna vera" ili „vera kao znanje," i „duhovna vera." Ovo poglavlje nam govori kako da posedujemo duhovnu veru i vodimo blagosloven život u Hristu.

Uglavnom bazirano na 1. Poslanici Jovanovoj 2:12-14, Drugo

poglavlje: „Rast duhovne vere" opisuje proces rasta duhovne vere upoređujući ga sa rastom ljudskog bića od nezrelih/nesigurnih beba, dece, mladeži, pa do očeva. Drugim rečima, nakon što osoba prihvati Isusa Hrista, ona raste duhovno u svojoj veri: od vere bebe do vere odraslog čoveka.

U Poglavlju 3, „Mera vere svakog pojedinca," mera vere svakog pojedinca je objašnjena alegorijom o onome šta vera slame, sena, drveta, dragocenog kamenja, srebra i zlata ostavlja za sobom posle vatrenog suda. Bog želi da dostignemo veru zlata čija dela nikad ne sagore u bilo kojoj vatrenoj probi.

Poglavlje 4, „Vera da dobijete spasenje," objašnjava najmanju ili najnižu meru vere-prvi od pet nivoa vere. Sa ovom vrstom vere, čovek prima sramno spasenje. Ova mera vere se takođe zove „vera nezrelih/nesigurnih beba" ili „vera sena." Kroz detaljne primere, ovo poglavlja nas podstiče da brzo odrastemo u veri.

Poglavlje 5, „Vera da pokušate da živite po Reči," govori da se kaže da smo mi na drugom nivou vere kada pokušavamo a ne možemo da se povinujemo Reči, i imamo velikih poteškoća da ostanemo čvrsti u našoj veri u Gospoda na ovom stadijumu. Ovo Poglavlje nas takođe uči kako da unapredimo našu veru do trećeg nivoa vere.

Poglavlje 6, „Vera da živite po Reči," obuhvata kratak proces u kojemu vera počinje na prvom nivou, sazreva do drugog nivoa, pomera se ka ranoj etapi trećeg nivoa i prerasta u kamen vere na kojem ćete dostići više od 60% trećeg nivoa vere. Ovo poglavlje takođe obrađuje razliku između ranog stadijuma trećeg nivoa i kamena vere, zašto ne moramo da se osećamo tegobno kada stojimo čvrsto na kamenu vere i važnost borbe protiv grehova sve do tačke prolivanja naše krvi.

Poglavlje 7, „Vera da volite Boga do krajnjeg stepena," objašnjava variranje u razlikama između ljudi na trećem nivou vere i ljudi na četvrtom nivou vere kada je reč o ljubavi prema Gospodu i ispituje vrste blagoslova koji su za one koji vole Gospoda do krajnjih granica.

Poglavlje 8, „Vera da udovoljite Bogu," objašnjava kakav je peti nivo vere. Ovo Poglavlje nam govori da mi, da bi dostigli peti nivo vere, ne smemo samo da se u potpunosti očistimo od grehova kao Enoh, Ilija, Avram ili Mojsije, već da takođe budemo verni u čitavoj Božjoj kući tako što ćemo ispunjavati sve naše Bogom dane dužnosti. Uz to, moramo biti savršeni sve do tačke da se odreknemo i naših života za Gospoda i posedujemo veru Hrista, veru celog duha. Konačno, ovo Poglavlje razrađuje vrste blagoslova koje možemo očekivati da uživamo kada zadovoljimo Boga na petom nivou vere.

Sledeće Poglavlje, „Znakovi koji prate one koji su verovali," govori nam da kada dostignemo savršenu veru, naša vera će biti praćena čudesnim znakovima. Štaviše, zasnovano na Isusovom obećanju u Jevanđelju po Marku 16:17-18, ovo Poglavlje podrobno ispituje ove znakove jedan po jedan. U ovom Poglavlju, autor takođe ističe da propovednik treba da prenese moćne poruke praćene čudesnim znakovima i potvrdi živog Boga ovim čudima kako bi dao snažnu veru nebrojanim ljudima, u vremenu u kome je svet ispunjen grehovima i poročnošću.

Na kraju, Poglavlje 10, „Različita nebeska mesta boravka i nagrade," tvrdi da postoje brojna mesta boravka u kraljevstvu Nebeskom, da svako može verom da uđe na bolje mesto boravka, i da se slava i nagrade znatno razlikuju od jednog nebeskog Kraljevstva do drugog. Posebno, da bi pomogli čitaocima da idu ka boljem mestu boravka sa nadom za Nebesima i verom, ovo poglavlje donosi zaključak sažetim opisivanjem lepote i čuda Novog Jerusalima u kome je smešten tron Božji.

Ako shvatimo da postoje značajne razlike na nebeskim mestima boravka i nagrada shodno sa merom vere svakog pojedinca, stav osobe u životu u Hristu biće nesumnjivo i potpuno promenjen.

Ja verujem da će svaki čitalac *Mera Vere* posedovati vrstu vere koja zadovoljava Boga, dobiti sve što potraži, i mnogo Ga slaviti.

**Geumsun Vin**
Direktor Izdavačkog Biroa

# Sadržaj

## Predgovor

## Uvod

### Poglavlje 1
### { Šta je vera? } • 1

1. Definicija vere koju Bog prihvata
2. Moć vere ne zna za granicu
3. Telesna vera i duhovna vera
4. Da dostignete duhovnu veru

### Poglavlje 2
### { Rast duhovne vere } • 25

1. Vera nezrelih/nesigurnih beba
2. Vera dece
3. Vera mladeži
4. Vera očeva

Poglavlje 3
{ Mera vere svakog pojedinca } • 39

1. Mera vere data od Boga
2. Različita mera vere svakog pojedinca
3. Mera vere iskušana vatrom

Poglavlje 4
{ Vera da dobijete spasenje } • 53

1. Prvi nivo vere
2. Da li ste primili Svetog Duha?
3. Vera razbojnika koji se pokajao
4. Ne guši Svetog Duha
5. Da li je Adam bio spašen?

Poglavlje 5
{ Vera da pokušate da živite po Reči } • 67

1. Drugi nivo vere
2. Najteži nivo života u veri
3. Vera Izraelaca tokom Izlaska (Druga knjiga Mojsijeva)
4. Ukoliko ne verujete i povinujete se
5. Nezreli i zreli hrišćani

Poglavlje 6
{ Vera da živite po Reči } • 85

1. Treći nivo vere
2. Dok ne dostignemo kamen vere
3. Borba protiv greha sve do tačke prolivanja krvi

Poglavlje 7
{ Vera da volite Boga do krajnjeg stepena } • 109

1. Četvrti nivo vere
2. Vaša duša se razvija
3. Bezuslovno voleti Boga
4. Voleti Boga iznad svega

Poglavlje 8
# { Vera da udovoljite Bogu } • 139

1. Peti nivo vere
2. Vera da žrtvujete sopstveni život
3. Vera da se manifestuju čuda i znakovi
4. Biti veran u čitavoj Božjoj kući

Poglavlje 9
# { Znakovi koji prate one koji su verovali } • 169

1. Odbaciti demone
2. Govoriti novim jezicima
3. Hvatati zmije vašim rukama
4. Nijedan smrtonosni otrov vas nimalo ne povređuje
5. Bolesni su izlečeni sa vašim rukama na njima

Poglavlje 10
# { Različita nebeska mesta boravka i nagrade } • 189

1. Nebo dostignuto samo verom
2. Nebo je pretrpelo nasilje
3. Različita mesta boravka i nagrade

## Poglavlje 1

# Šta je vera?

1
Definicija vere koju Bog prihvata

2
Moć vere ne zna za granicu

3
Telesna vera i duhovna vera

4
Da dostignete duhovnu veru

*„ Vera je, pak, tvrdo čekanje onog čemu se nadamo,*
*i dokazivanje onog što ne vidimo.*
*Jer u njoj stari dobiše svedočanstvo*
*Verom poznajemo*
*da je svet rečju Božjom svršen,*
*da je sve što vidimo iz ništa*
*postalo. "*
(Poslanica Jevrejima 11:1-3)

Mnogo puta u Bibliji nalazimo da se zapravo desilo ono čemu ne možemo da se nadamo, i da je izvedeno i ostvareno Božjom moći ono što je nemoguće snazi ljudskoj.

Mojsije je proveo Izraelce kroz Crveno more podelivši ga na dva vodena zida, i oni su ga prešli kao da hodaju po suvoj zemlji. Džošua je uništio grad Jerihon tako što ga je hodajući obišao trinaest puta. Kroz Ilijinu molitvu, nebesa su dala kišu nakon tri i po godine suše. Petar je učinio da ustane i hoda čovek koji je rođen hrom, dok je apostol Pavle podigao mladića koji je pao sa trećeg sprata i umro. Isus je hodao po vodi, smirio nemirne talase i vetar, dao da slepi progledaju, i oživeo čoveka koji je bio sahranjen u grobu četiri dana.

Moć vere je neizmerna i sve je moguće sa njom. Baš kao što nam Isus govori u Jevanđelju po Marku 9:23: *„Ako možeš verovati? Sve je moguće onome koji veruje,"* vi možete da dobijete sve što potražite ako je vaša vera prihvatljiva Bogu.

Koju vrstu vere, onda, Bog prihvata i kako da je dostignete?

## 1. Definicija vere koju Bog prihvata

Mnogi ljudi danas tvrde da veruju u Svemogućeg Boga, ali ne dobijaju Njegove odgovore na njihove molitve zato što nemaju iskrenu veru. U Poslanici Jevrejima 11:6 čitamo: *„A bez vere nije* *moguće ugoditi Bogu; jer onaj koji hoće da dođe k Bogu, valja da veruje da ima Bog i da plaća onima koji Ga traže."* Bog nam izričito govori da mi treba da Mu udovoljimo iskrenom verom.

Ništa nije nemoguće ako imate savršenu veru zato što je vera temelj dobrog Hrišćanskog života i ključ do Božjih odgovora i blagoslova. Ipak, ima mnogo ljudi koji ne mogu da uživaju u Njegovim blagoslovima i prime spasenje jer oni ne poznaju ili ne poseduju iskrenu veru.

**Vera je suština stvari za koje se nadamo, dokaz stvari koje ne vidimo**

Šta je, onda, vera koju Bog prihvata? *Webster's New World College Dictionary* definiše „veru" kao „verovanje za koje se ne pita i ne traži se proveravanje ili dokaz" ili „verovanje u Boga, religiozna načela, itd koja se ne ispituju." Vera je tučak na Grčkom, što znači „Biti odlučan ili veran." To je definisano u Poslanici Jevrejima 11:1 po sledećem: *„Vera je suština stvari za koje se nadamo, dokaz stvari koje ne vidimo."*

„Sigurnost za stvari za koje se nadamo" se odnosi na ono što se nadamo da će doći kao stvarnost zato što smo sigurni kao da se to već ostvarilo. Na primer, šta bolesna osoba koja ima velike bolove želi najviše? Prirodno, njegova želja je da bude izlečen od bolesti i da povrati dobro zdravlje, i treba da ima dovoljno vere da bude siguran u oporavak. Drugim rečima, dobro zdravlje postaje za njega stvarnost ako ima savršenu veru.

Dalje, „uverenje o stvarima koje nisu viđene" se odnosi na elemente i suštinu onoga u šta smo duhovnom verom sigurni, čak i u stvarnosti gde nije sve vidljivo za naše gole oči.

Stoga, vera vam omogućava da verujete da Bog stvara sve stvari iz ničega. Praoci vere su verom dobili „uverenje u ono čemu su se nadali" kao stvarnost, i „ubeđenje u ono što nisu videli" kao opipljive stvari ili događaje. Na taj način, oni su iskusili moć Božju koji stvara nešto iz ničega.

Na način na koji su praoci vere radili, oni koji veruju da Bog stvara sve stvari iz ničega su u sposobni da veruju da je On na početku stvorio sve stvari nebeske i zemlju Njegovom Rečju. Istina je da niko nije bio očevidac Njegovom stvaranju nebesa i zemlje, zato što se to dogodilo pre nego što je stvoren čovek. Ipak, ljudi sa verom nikad nisu sumnjali da je Bog stvorio stvari iz ničega zato što veruju.

Zato nas Poslanica Jevrejima 11:3 podseća: „*Verom poznajemo da je svet rečju Božjom svršen, da je sve što vidimo iz ništa postalo.*" Kada je Bog rekao: „*Neka bude svetlost*" bila je svetlost (Postanak 1:3). Kada je Bog rekao: „*Neka pusti zemlja iz sebe travu, bilje, što nosi seme, i drvo rodno, koje rađa rod po svojim vrstama, u kome će biti seme njegovo na zemlji*" sve je bilo kako je Bog zapovedio (Postanak 1:11).

Sve stvari univerzuma viđene našim golim očima nisu napravljene od bilo kojih vidljivih materijala. Bez obzira na to, mnogo ljudi misli da su sve stvari stvorene od vidljivih stvari, ali ne veruju da ih je Bog stvorio iz ničega. Ti ljudi nikad nisu naučili, videli ili čuli da nešto može biti stvoreno iz ničega.

### Dela pokornosti su dokaz vere

Kako bi se vi nadali nečemu što nije moguće i to ostvarili,

morate da imate dokaz vere koju Bog dozvoljava. Drugim rečima, morate da pokažete dokaz o pokoravanju Reči Božjoj zbog vaše vere u Njegovu Reč. Poslanica Jevrejima 11:4-7 spominje pretke vere koji su bili proglašeni ispravnima po veri zato što su imali i demonstrirali jasne dokaze svoje vere: Avelj je bio pohvaljen kao ispravan čovek zato što je ponudio Bogu žrtvu krvi koja je bila prihvatljiva za Boga; Enoh je bio pohvaljen kao čovek koji je udovoljio Njemu time što je postao potpuno posvećen; Noje je postao naslednik pravednosti time što je sagradio barku spasenja sa verom.

Razmotrimo priču o Kainu i Avelju u Postanku 4:1-15 kako bi razumeli istinitu veru koja je prihvatljiva Bogu. Kajin i Avelj su bili sinovi koje su Adam i Eva izrodili na zemlji nakon što su isterani iz Rajskog Vrta zbog njihove neposlušnosti prema Božjoj komandi: *„Ne jedi sa drveta poznanja dobra i zla"* (Postanak 2:17).

Adam i Eva su zažalili zbog svoje neposlušnosti zato što su nakon toga morali da osete patnju napornog, znoja punog, rada i veliki bol prilikom porođaja na prokletoj zemlji. Adam i Eva su revnosno učili svoju decu o važnosti poslušnosti. Oni su sigurno učili Kajina i Avelja da moraju živeti po Reči Božjoj, i naglašavali im da nikad ne budu nepokorni Njegovim zapovestima.

Uz to, roditelji mora da su rekli svojoj deci da treba da uzmu životinju i podnesu je kao žrtvu u krvi Bogu za oproštaj svojih grehova. Tako su Kain i Avelj znali da treba Bogu da daju žrtvu u krvi za oproštaj svojih grehova.

Nakon što je prošlo dugo vremena, Kain je izneverio Boga kao i njegova majka Eva koja nije poslušala Božju Reč. On je bio farmer i prineo je žrtvu u žitu sa polja, onoliko koliko je on mislio da je dovoljno. Međutim, Avelj je bio pastir i on je prineo kao žrtvu prvorođeno iz svog stada i to u krupnim komadima, onako kako mu je preko roditelja Bog zapovedio. Bog je prihvatio Aveljovu žrtvu ali ne i Kainovu koji nije poslušao njegovu zapovest. Kao rezultat, Avelj je pohvaljen kao čestit čovek (Poslanica Jevrejima 11:4). Ova priča o Kainu i Avelju nas uči da vam Bog veruje i ceni vas onoliko koliko vi verujete Njegovoj Reči i povinujete joj se, slučajevi Mojsija i Enoha takođe svedoče o ovoj činjenici.

Dokaz vere su dela povinovanja. Zato morate da zapamtite da vas Bog ceni i odobrava vam kada vi Njemu pokažete dokaz svoje vere tako što se svojim delima povinujete Njegovoj Reči u svako doba, i pokušavate da Mu se povinujete pod bilo kojim okolnostima.

### Vera donosi odgovore i blagoslove

Na ovaj način, vi treba da pratite Božju Reč tako da počnete od „čemu se nadate" po veri i dostignete „srž onoga čemu se nadate." Ako ne sledite Božji put, baš kao što je i Kain pošao stranputicom, po tlu po kome vam je put mučan ili teško podnošljiv, vi ne možete dobiti Božje odgovore i blagoslove po zakonu duhovnog carstva.

Poslanica Jevrejima 11:8-19 nam detaljno govori o Avramu koji je svoja dela povinovanja Reči Božjoj pokazao kao dokaz svoje vere. On je na Božju zapovest napustio svoju zemlju sa verom. Čak i kad mu je Bog rekao da podnese kao žrtvu svog voljenog sina jedinca Isaka, koga mu je Bog podario u stotoj godini, Avram se odmah povinovao zato što je mislio da će Bog moći da iz mrtvih oživi njegovog sina. Njemu su dati veliki blagoslovi i odgovori Božji zato što su njegovu veru dokazala njegova dela povinovanja.

*I anđeo GOSPODNJI opet viknu s neba Avrama. I reče: "Sobom se zakleh, veli GOSPOD, kad si tako učinio, i nisi požalio sina svog, jedinca svog, Zaista ću te blagosloviti i seme tvoje veoma umnožiti, da ga bude kao zvezda na nebu i kao peska na bregu morskom; i nasprediće seme tvoje vrata neprijatelja svojih. I blagosloviće se u semenu tvom svi narodi na zemlji, kad si poslušao glas moj"* (Postanak 22:15-18).

Uz to, u Postanku 24:1 mi nalazimo da: *"A Avram beše star i vremenit; i GOSPOD beše blagoslovio Avrama u svemu."* Jakovljeva Poslanica 2:23 nas takođe podseća: *"I izvrši se pismo koje govori: ,Avram verova Bogu, i primi mu se u pravdu, i prijatelj Božji nazva se.'"*

Povrh toga, Avram je bio veoma blagosloven na svaki način zato što je verovao Bogu koji kontroliše se stvari vezane za život i smrt, blagoslove i kletve, i sve je posvetio Njemu. Na isti način, vi ćete biti u stanju da uživate Božje blagoslove u svim prilikama i primite odgovore na šta god da pitate, kada razumete pravu definiciju vere i delima potpune pokornosti pokažete dokaze svoje vere, kao što je i Avram učinio toliko mnogo puta.

## 2. Moć vere ne zna za granicu

Vi možete biti bližnji sa Bogom po veri zato što je vera kao prva kapija duhovnog carstva u četvorodimenzionalnom svetu. Samo kad prođete kroz prvu kapiju vaše duhovne uši će se otvoriti tako da vi možete čuti Reč Božju, a vaše duhovne oči će se otvoriti tako da možete da vidite duhovno carstvo.

Kao rezultat, vi ćete živeti po Reči Božjoj, primiti šta god zatražite sa verom i živeti radosno sa nadom za Nebesko carstvo. Šta više, kada je vaše srce ispunjeno radošću i zahvalnošću i kada nada za Nebesa sasvim ispuni vaš život, vi ćete iznad svega voleti Boga i udovoljavati Mu.

Onda, ovozemaljski svet neće više biti dostojan vas i vaše vere zato što nećete postati samo svedok Božji snagom koju vam daje Sveti Duh, nego ćete takođe biti verni do smrtnog časa i voleti Boga svim svojim životom kao što je to činio apostol Pavle.

### Ovozemaljski svet nije dostojan snage vere

U opisivanju snage vere, Poslanica Jevrejima 11:32-38 ilustruje veru praotaca:

> *I šta ću još da kažem? Jer mi ne bi dostalo vremena kad bih stao pripovedati o Gedeonu, i o Varaku i Samsonu i Jeftaju, o Davidu i Samuilu, i o drugim prorocima koji verom pobediše carstva, učiniše pravdu, dobiše obećanja, zatvoriše usta lavovima, ugasiše silu ognjenu, pobegoše od oštrica mača, ojačaše od nemoći, postaše jaki u bitkama, rasteraše vojske tuđe. Žene*

*primiše svoje mrtve iz vaskrsenja; a drugi biše pobijeni, ne primivši izbavljenje, da dobiju bolje vaskrsenje; A drugi ruganje i boj podnesoše, pa još i okove i tamnice. Kamenjem pobijeni biše, pretrveni biše, iskušani biše, od mača pomreše; idoše u kožusima i u kozjim kožama, u sirotinji, u nevolji, u sramoti (kojih ne beše dostojan svet), po pustinjama potucaše se, i po gorama i po pećinama i po rupama zemaljskim.*

Ljudi, čije vere nije dostojan svet, mogu se odreći ne samo svojih ovozemaljskih počasti i bogatstva, nego i svojih života. Kao što i u 1. Jovanovoj Poslanici 4:18 čitamo: „*U ljubavi nema straha, nego savršena ljubav izgoni strah napolje; jer strah ima muku. A ko se boji nije savršen u ljubavi,*" strah će vas napustiti shodno meri vaše ljubavi.

Šta je nemoguće sa ljudskom snagom postaje moguće Božjom silom. Jedan od Njegovih proroka Ilija, svedoči o živom Bogu tako što donosi vatru Nebesku. Jelisije je spasio svoju zemlju saznavši, inspirisan Svetim Duhom, gde je bio lociran neprijateljski tabor. Danilo je preživeo u jazbini gladnih lavova.

U Novom Zavetu, postoje mnogo ljudi koji su se odrekli svojih života za jevanđelje Gospodovo. Jakov, jedan od dvanajest učenika našeg Gospoda Isusa, postao je među njima prvi mučenik pošto je ubijen mačem. Petar, glavni učenik Isusa Hrista, bio je razapet naglavačke. U njegovoj velikoj ljubavi za Gospoda, apostol Pavle je bio radostan i zahvalan Bogu čak i u zatvorskoj ćeliji iako je bio mnogo puta prebijan i na ivici smrti. On je, na kraju, obezglavljen i postao je veliki mučenik za Gospoda.

Pored toga, nebrojene hrišćane su proždrli lavovi u Rimskom Koloseumu ili su morali da žive u katakombama bez da do smrti vide sunčevu svetlost zbog žestokog progona od strane Rimskog carstva. Apostol Pavle je držao post svojoj veri pod svim okolnostima i nadvladao svet sa velikom verom. On je mogao ovo da posvedoči: *"Ko će nas rastaviti od ljubavi Božije? Nevolja li ili tuga, ili gonjenje, ili glad ili golotinja, ili strah, ili mač?"* (Poslanica Rimljanima 8:35)

### Vera daje odgovore na sve probleme

U Jevanđelju po Marku bio je jedan događaj u kome je Isus videvši veru paralizovanog i njegovih prijatelja, rekao: *"Sinko, opraštaju ti se gresi tvoji,"* (stih. 5) i paralizovani beše izlečen na licu mesta. Kad su ljudi čuli da je Isus u Kapernaumu, mnogi su se okupili, i nije više bilo mesta, čak ni napolje. Paralitičar, koga su nosila četiri prijatelja, nije mogao da sretne Isusa zbog gužve, tako da su njegovi prijatelji napravili rupu na krovu iznad Isusa i onda su, pošto su je prokopali, kroz nju spustili podmetač na kome je ležao njihov paralizovani prijatelj. Isus je smatrao njihovu aktivnost kao dokaz vere i oprostio paralitiku njegove grehove, govoreći: *"Sinko, opraštaju ti se gresi tvoji,"* (stih. 5).

Ipak, neki učitelji zakona koji su sedeli tamo bili su sumnjičavi i mislili su u sebi: *"Zašto ovaj čovek tako priča? On je bezbožnik! Ko može opraštati grehe osim jednog Boga?"* (stih. 7) Isus im je rekao:

*I odmah razumevši Isus duhom svojim da oni tako*

*pomišljaju u sebi, reče im: "Što tako pomišljate u srcima svojim? Šta je lakše, reći uzetome: 'Opraštaju ti se gresi,' ili reći: 'Ustani i uzmi odar svoj, i hodi?'"* (stihovi. 8-9)

Tada je Isus zapovedio paralitiku: *"Tebi govorim, ustani i uzmi odar svoj, i idi doma"* (stih. 11). Čovek koji je bio paralizovan je ustao, uzeo svoju prostirku, i izašao iz kuće na očigled svih ljudi u i oko kuće. Oni su bili zadivljeni i slavili su Boga, govoreći: *"Nikada nismo videli tako nešto"* (stih. 12).

Ova priča nam govori da svi problemi u našim životima mogu biti rešeni kada su nam sa verom oprošteni naši grehovi. Ovo je zato što je pre oko dve hiljade godina, Isus naš Spasitelj otvorio put spasenja iskupivši nas od svih vrsta problema u životu kao što su greh, smrt, nemaština, bolesti i drugo (Za više o ovome pogledajte *Poruka sa Krsta*).

Vi možete dobiti sve što tražite ako su vam oprošteni grehovi što niste živeli po Reči Božjoj. On vam obećava u 1. Poslanica Jovanova 3:21-22: *"Ljubazni, ako nam srce naše ne zazire, slobodu imamo pred Bogom; i šta god zaištemo, primićemo od Njega, jer zapovesti Njegove držimo i činimo šta je Njemu ugodno."* Na taj način, ljudi koji nemaju zid grehova pred Bogom mogu hrabro da Ga zamole i dobiju sve za šta su molili.

Zato je u Jevanđelju po Mateju 6 Isus istakao da ne treba da brinete o tome šta ćete obući, šta ćete jesti i gde ćete živeti, već da umesto toga prvo težite ispravnosti Božjoj i Njegovom kraljevstvu:

*Zato vam kažem: ne brinite se za život svoj, šta ćete jesti, ili šta ćete piti; ni za telo svoje, u šta ćete se obući. Nije li život pretežniji od hrane, i telo od odela? Pogledajte na ptice nebeske kako ne seju, niti žnju, ni sabiraju u žitnice; pa Otac vaš nebeski hrani ih. Niste li vi mnogo pretežniji od njih? A ko od vas brinući se može primaknuti rastu svom lakat jedan? I za odelo što se brinete? Pogledajte na ljiljane u polju kako rastu; ne trude se niti predu; ali Ja vam kažem da ni Solomun u svoj svojoj slavi ne obuče se kao jedan od njih. A kad travu u polju, koja danas jeste, a sutra se u peć baca, Bog tako odeva, a kamoli vas? Maloverni! Ne brinite se dakle govoreći: Šta ćemo jesti, ili, šta ćemo piti, ili, čim ćemo se odenuti? Jer sve ovo neznabošci ištu; a zna i Otac vaš nebeski da vama treba sve ovo. Nego ištite najpre carstvo Božje, i pravdu Njegovu, i ovo će vam se sve dodati* (Jevanđelje po Mateju 6: 25-33).

Ako vi iskreno verujete u Reč Božju, vi ćete prvo težiti Njegovom kraljevstvu i Njegovoj pravednosti. Božja obećanja su verodostojna kao overeni čekovi, i On prema Svom obećanju dodaje sve stvari koje vam trebaju, tako da nećete samo imati spasenje i večni život već ćete takođe napredovati u svemu što činite u ovom životu.

### Vera kontroliše čak i prirodne fenomene

Kroz Jevanđelje po Mateju 8:23-27 učimo o moći vere koja vas štiti od bilo kakvog opasnog vremena i klime, i omogućava vam da ih kontrolišete. Sve stvari su zaista moguće sa verom.

*I kad uđe u lađu, za Njim uđoše učenici Njegovi. I gle, oluja velika postade na moru da se lađa pokri valovima; a Isus On spavaše. I prikučivši se učenici Njegovi probudiše Ga govoreći: „Gospode! Izbavi nas, izgibosmo!" I reče im: „Zašto ste strašljivi, maloverni?" Tada ustavši zapreti vetrovima i moru, i postade tišina velika. A ljudi čudiše se govoreći: „Ko je Ovaj da Ga slušaju i vetrovi i more?"*

Ova priča nam govori da ne treba da se plašimo ni jedne pobesnele oluje ili talasa već da čak možemo da kontrolišemo ovakve fenomene samo ako imamo veru. Ako smo na putu da iskusimo moćnu snagu vere koja može da kontroliše vreme i klimu, mi moramo da dostignemo potpunu sigurnost vere kao što je ona u Isusa, sa kojom su sve stvari moguće. Zato nas Poslanica Jevrejima 10:22 podseća: *„Da pristupamo s istinim srcem u punoj veri, očišćeni u srcima od zle savesti, i umiveni po telu vodom čistom."*

Biblija nam govori da možemo da dobijemo odgovore na sve ono što pitamo i da možemo da učinimo veće stvari nego Isus što je činio ako imamo potpunu sigurnost vere.

*Zaista, zaista vam kažem: koji veruje mene, dela koja ja tvorim i on će tvoriti, i veća će od ovih tvoriti; jer ja idem k Ocu svom. I šta god zaištete u Oca u ime moje, ono ću vam učiniti, da se proslavi Otac u Sinu* (Jevanđelje po Jovanu 14:12-13).

Dakle, vi morate da razumete da je moć vere veoma velika i dostiže vrstu vere koju Bog traži i sa kojom je On zadovoljan. Samo tada vi ćete ne samo dobiti odgovore za sve što ste tražili već ćete uraditi još i veće stvari od Isusa.

## 3. Telesna vera i duhovna vera

Kada je Isus sa verom rekao kapetanu koji Mu je došao: *„Kako si verovao neka ti bude,"* kapetanov sluga je odmah bio isceljen (Jevanđelje po Mateju 8:13). Na ovaj način, iskrenu veru prirodno prate Božji odgovori. Zašto je onda to tako da mnogi ljudi ne mogu dobiti odgovore na njihovu molitvu čak iako tvrde da veruju u Gospoda?

To je zato što postoji duhovna vera sa kojom možete imati bliskost sa Bogom i dobiti Njegove odgovore, i telesna vera sa kojom ne možete dobiti ni jedan odgovor jer nema ništa sa Njim. Onda, dozvolite nam da razmotrimo razliku između ovih dveju vera.

### Telesna vera je vera kao znanje

„Telesna vera" se odnosi na vrstu vere sa kojom verujete u nešto jer to možete da vidite očima i to se podudara sa vašim znanjem ili zdravim razumom. Ova vrsta vere se često naziva „vera kao znanje" ili „vera prijatna sa razlogom."

Na primer, oni koji ne samo da su videli proces proizvodnje drvenog stola već su i čuli o tome, svakako će verovati kada drugi kažu: „Sto je napravljen od drveta." Svako može imati ovu vrstu vere zato što veruje da je nešto napravljeno od nečega. Naime, ljudi uvek misle da su vidljive stvari potrebne da se napravi nešto drugo.

Ljudi ulažu i skladište znanje u sistem memorije njihovih mozgova od momenta kada su rođeni. Oni memorišu ono što vide, ono šta čuju i ono što nauče od njihovih roditelja, rođaka, komšija, ili u školi, i upotrebljavaju znanje memorisano u mozgu onda kada im je potrebno.

Među uskladištenim znanjem ima mnogo neistina koje su protiv Reči Božje. Njegova Reč je istina koja se nikada ne menja, ali većina vašeg znanja je neistina koja se menja kako vreme prolazi. Međutim, ljudi uvažavaju neistinu kao istinu zato što ne znaju šta zapravo istina jeste. Na primer, ljudi teoriju o evoluciji smatraju istinom zato što su tako naučili u školi. Otuda, oni ne veruju da nešto može biti stvoreno od ničega.

### Telesna vera je mrtva vera bez dela

Kao prvo, ljudi sa telesnom verom ne mogu da prihvate da je Bog stvorio nešto od ničega čak iako posećuju crkvu i slušaju Reč Božju, zato što je znanje koje su prikupili od rođenja suprotno Njegovoj Reči. Oni ne veruju u čuda koja su zapisana u Bibliji. Oni veruju u Reč Božju kada su ispunjeni Svetim Duhom i milošću, ali počinju da sumnjaju kada izgube tu milost. Oni čak počinju da misle da su odgovori koje su dobili od Boga bili slučajni.

Prema tome, ljudi sa telesnom verom imaju sukobe u svojim srcima, i ne ispovedaju se iz dubine svojih srca, čak iako usnama tvrde da veruju. Oni nisu ni bliski sa Bogom, niti ih On voli zato što oni ne žive po Njegovoj Reči.

Evo jednog primera. Uopšteno, ispravno je da se osvetimo neprijatelju, ali Biblija nas uči da moramo voleti naše neprijatelje i da im okrenemo i levi obraz kada nas neko udari po desnom obrazu. Osoba sa telesnom verom mora da uzvrati da bi bila zadovoljna kada je neko ošamari. Pošto je ovako živeo ceo svoj život, za njega je mnogo lakše da mrzi, zavidi, ili da bude ljubomoran na druge. Takođe, teško mu je da živi po Reči Božjoj i on ne može da živi u zahvalnosti i radosti zato što se to ne slaže sa njegovim mislima.

Baš kao što nailazimo u Poslanici Jakovljevoj 2:26: *"Jer, kao što je telo bez duha mrtvo, tako je i vera bez dobrih dela mrtva,"* telesna vera je mrtva bez dela. Ljudi sa telesnom verom ne mogu da dobiju ni spasenje ni Božje odgovore. U ovome Isus nam govori: *"Neće svaki koji Mi govori: Gospode! Gospode! Ući u carstvo nebesko; no koji čini po volji Oca mog koji je na nebesima"* (Jevanđelje po Mateju 7:21).

## Bog prihvata duhovnu veru

Duhovna vera se daje kad verujete, čak iako ne možete da vidite ništa golim očima ili se nešto ne slaže sa vašim znanjem ili mislima. To je da verujete da je Bog stvorio nešto od ničega.

Ljudi sa duhovnom verom veruju bez sumnji da je Bog stvorio nebesa i zemlju Njegovom rečju, i da je napravio čoveka od prašine zemaljske. Duhovna vera nije nešto što ne možete imati zato što to želite; to samo Bog daje. Ljudi koji poseduju duhovnu veru bez sumnje veruju u čuda zapisana u Bibliji, tako da im nije teško da žive po Reči Božjoj i dobijaju odgovore na sve što pitaju sa verom.

Bog prihvata duhovnu veru praćenu delima i time vi možete biti spašeni, otići u Raj i dobiti odgovore na vašu molitvu.

### Duhovna vera je „Živa vera" praćena delima

Kada imate duhovnu veru, Bog vas prihvata i obezbeđuje vam život sa Njegovim odgovorima i blagoslovima. Na primer, pretpostavimo da imamo dva farmera koji rade na posedu njihovog gazde. U istim uslovima, jedan ubire pet džakova pirinča a drugi tri džaka. Sa kojim od ova dva farmera bi gazda bio zadovoljniji? Prirodno, farmer sa pet džakova pirinča je više omiljeniji i prijatniji gazdi.

Dva farmera su imala različite berbe na istoj zemlji shodno njihovom trudu. Farmer koji je ubrao pet džakova plevio je marljivo i zalivao rod učestalo uz mnogo znoja. Suprotno tome, drugi farmer nije mogao da ubere više od tri džaka pirinča zato što je bio lenj i mnogo je zanemario svoj posao.

Bog sudi svakoj pojedinoj osobi shodno plodovima njenog rada. Samo kada delima pokažete vašu veru, On će to smatrati duhovnom verom i blagosloviće vas.

U noći kada je Isus bio uhapšen, jedan od Njegovih učenika Petar Mu kaže: „*Ako se i svi sablazne o tebe ja se neću nikad sablazniti*" (Jevanđelje po Mateju 26:33). Međutim, Isus je odgovorio: „*Zaista ti kažem: noćas dok petao ne zapeva tri puta ćeš me se odreći*" (stih. 34). Petar se ispovedio celim svojim srcem, ali Isus je znao da će Ga Petar izdati kada mu život bude u opasnosti.

Petar tada još nije bio primio Svetog Duha, a zaista je izdao

Isusa tri puta kada je njegov život bio u opasnosti nakon Isusovog hapšenja. Međutim, Petar se potpuno preobratio kada je primio Svetog Duha. Njegova vera kao znanje promenila se u duhovnu veru, i on je postao apostol sa moći da hrabro propoveda jevanđelje. On je pošao putem pravednosti sve dok nije bio razapet naglavačke.

Dakle, vi ste sposobni da verujete i pokorite se Bogu u svakoj situaciji kada imate duhovnu veru. Da bi posedovali duhovnu veru, morate se truditi da se potpuno povinujete Reči Božjoj i steći nepokolebljivo srce. Kroz živu duhovnu veru praćenu delima, vi možete da dobijete spasenje i večni život, biti promenjeni u čoveka savršene istine, i uživati u prelepim blagoslovima u duhu i telu.

Međutim, sa mrtvom telesnom verom bez dela, vi ne možete dobiti ni spasenje ni odgovore od Boga bez obzira koliko uporno pokušavate i koliko dugo možda posećujete crkvu.

## 4. Da dostignete duhovnu veru

Kako možete da promenite vašu telesnu veru u duhovnu veru i ostvarite „ono čemu ste se nadali" i da od „onog što nije viđeno" napravite vidljivi dokaz? Šta morate da uradite da bi posedovali veru?

### Odbaciti telesnu misao i teoriju

Većina vašeg znanja koje ste dobili od rođenja sprečava vas da dostignete duhovnu veru zato što je protivno Reči Božjoj. Na primer, teorija poput one o evoluciji poriče Božje stvaranje univerzuma. Kao ishod, privrženi evoluciji ne mogu verovati da je Bog stvorio nešto od ničega. Kako oni mogu da veruju: *„U početku stvori Bog nebo i zemlju"* (Knjiga Postanka 1:1)?

Dakle, da bi posedovali duhovnu veru, morate da uništite svaku vašu misao koja je protivna Reči Božjoj i sve teorije, kao što je ova o evoluciji, koja vas sprečava da verujete Njegovoj Reči u Bibliji. Ukoliko se ne otarasite vaših misli i teorije koji su protiv Njegove Reči, vi ne možete verovati u Reč Božju zapisanu u Bibliji ma koliko da revnosno pokušavate da verujete u to.

Šta više, bez obzira koliko marljivo idete u crkvu i prisustvujete službama, vi ne možete da imate duhovnu veru. Zbog toga je mnogo ljudi mnogo daleko od puta spasenja i ne dobijaju Božje odgovore na njihove molitve čak iako redovno posećuju crkve.

Apostol Pavle je imao samo telesnu veru pre nego što je sreo Gospoda Isusa u viziji na putu ka gradu Damasku. On nije prepoznao Isusa kao Spasitelja svih ljudi već je umesto toga zatvarao i progonio mnoge hrišćane.

Zato treba da otklonite svaku vašu misao i teoriju koja je protiv Reči Božje kako bi preobratili vašu telesnu veru u duhovnu. Preko apostola Pavla, Bog nas podseća na sledeće:

*Jer oružje našeg vojevanja nije telesno, nego silno od Boga na raskopavanje gradova, da kvarimo pomisli. Mi kvarimo pomisli I svaku visinu koja se podiže na poznanje Božije, i robimo svaki razum za pokornost Hristu, I u pripravnosti imamo osvetu za svaku nepokornost, kad se izvrši vaša pokornost* (2.

Korinćanima 10:4-6).

Pavle je mogao da postane dobar propovednik jevanđelja tek pošto je dobio duhovnu veru time što je uništio svaku pomisao, teoriju i argument koji je bio protiv Boga. On je preuzeo vođstvo u evangelizaciji nejevreja i postao kamen temeljac svetske misije. Na kraju, Pavle je mogao da iznese i takvo odlučno priznanje kao što sledi:

> *No šta mi beše dobitak ono primih za štetu Hrista radi. Jer sve držim za štetu prema prevažnom poznanju Hrista Isusa Gospoda svog, kog radi sve ostavih, i držim sve da su trice, samo da Hrista dobijem, I da se nađem u Njemu, ne imajući svoje pravde koja je od zakona, nego koja je od vere Isusa Hrista, pravdu koja je od Boga u veri* (Poslanica Filipljanima 3:7-9).

### Revnosno učiti Reč Božju

Poslanica Rimljanima 10:17 nas uči: *„Tako, dakle, vera biva od propovedanja, a propovedanje rečju Božijom."* Vi morate da slušate Reč Božju i naučite je; ako ne poznajete Božju Reč, ne možete živeti po njoj. Ako ne činite po Reči Božjoj nego je čuvate samo kao znanje, On ne može da vam da duhovnu veru zato što možete da postanete ponosni na vaše znanje.

Pretpostavimo da postoji devojka koja se nada da postane slavna pijanistkinja. Bez obzira koliko puta da čita udžbenike i uči teorije, ona ne može da postane velika pijanistkinja bez vežbanja. Iz istog razloga, ukoliko se ne povinujete Reči Božjoj, nema koristi od toga koliko je naporno čitate, slušate ili učite. Vi možete imati duhovnu veru samo činite po Reči Božjoj.

## Povinovati se Reči Božjoj

Zato morate verovati u živog Boga i održavati Njegovu Reč pod svim okolnostima. Ako verujete u Njegovu Reč bez ijedne sumnje pošto je saslušate, vi ćete se i povinovati. Kao rezultat, vi možete imati sigurnost u srcu zato što je Božja Reč u stvarnosti ispunjena. Nakon toga, vi ćete težiti da živite nadalje po Reči Božjoj.

Kroz ponavljanje ovog procesa, možete da dobijete veru koja vam omogućava potpuno povinovanje Reči, i Njegova milost i snaga će doći do vas. Vi ćete biti ispunjeni Svetim Duhom i sve će vam ići dobro.

U vreme Izlaska, bilo je najmanje šest stotina hiljada Izraelskih muškaraca starih dvadeset godina ili više. Na kraju, pak, samo dvojica od njih- Džošua i Kaleb-su mogli da uđu u Obećanu zemlju Hanansku. Osim ove dvojice, niko drugi nije iz srca verovao obećanju Božjem i povinovao Mu se.

U Brojevima 14:11, Gospod govori Mojsiju: *„Dokle će me vređati taj narod? Kad li će mi verovati posle tolikih znaka što sam učinio među njima?"*

Oni su dobro znali za Boga, zato što su bili svedoci Njegove moći koja je donela Deset Pomora Egiptu i razdvojio Crveno more na dva dela, oni su takođe mislili da su Mu verovali. Oni su iskusili Božje upravljanje i prisustvo kroz stub vatre noću i stub oblaka danju, i jeli su manu koja je svakog dana dolazila odozgo.

Bez obzira na to, kada im je Bog zapovedio da uđu u zemlju

Hanansku, oni Mu se nisu povinovali jer su se bojali Hanajaca. Umesto toga, oni su se žalili i protivili se Mojsiju i Aronu. To je bilo zato što nisu imali duhovnu veru da se povinuju Bogu premda su imali telesnu veru nakon što su mnogo puta videli i čuli čudesna dela Božje moći.

Da bi dobili duhovnu veru, vi treba da verujete Bogu i povinujete se Njegovoj Reči u svako doba. Ako Ga iskreno volite, vi ćete Mu se povinovati, a on će zauzvrat odgovoriti vašoj molitvi i na kraju vas odvesti u večni život.

Poslanica Rimljanima 10:9-10 nas podseća: *„Jer, ako priznaješ ustima svojim da je Isus Gospod, i veruješ u srcu svom da Ga Bog podiže iz mrtvih, bićeš spasen; jer se srcem veruje za pravdu, a ustima se priznaje za spasenje."*

„Da verujete u svojim srcima" se ne odnosi na veru kao znanje, već na duhovnu veru sa kojom verujete u nešto bez sumnji u vašem srcu. Oni koji veruju u Reč Božju u svojim srcima, povinuju se, postaju pravični i postepeno sliče Gospodu. Njihova ispovest: „Ja verujem u Gospoda," je istinita i oni dobijaju spasenje.

Da i vi posedujete duhovnu veru praćenu delima da se povinujete Reči Božjoj, ja se molim u ime Gospoda! Onda Mu možete udovoljiti i uživati u životu ispunjenom Njegovom moći kroz koju su sve stvari moguće.

## Poglavlje 2

# Rast duhovne vere

1
Vera nezrelih/nesigurnih beba

2
Vera dece

3
Vera mladeži

4
Vera očeva

*„Pišem vam, dečice,*
*da vam se opraštaju gresi*
*imena Njegovog radi.*
*Pišem vam, oci,*
*jer poznaste Onog koji nema početka.*
*Pišem vam, mladići,*
*jer nadvladaste nečastivog.*
*Pišem vam, deco,*
*jer poznaste Oca.*
*Pisah vam, oci,*
*jer poznaste Onog koji nema početka.*
*Pisah vam, mladići,*
*jer ste jaki,*
*i reč Božija u vama stoji,*
*i nadvladaste nečastivog."*
(1. Poslanica Jovanova 2:12-14)

Možete da uživate u pravednosti i blagoslovima kao dete Božje ako imate duhovnu veru. Ne samo da ćete dobiti spasenje i otići u Raj, već ćete dobiti odgovore na sve što pitate. Uz to, ako imate Bogo-zadovoljavajuću veru povinovanjem Njegovoj Reči, sve stvari su verom moguće za vas.

Zato nam Isus govori u Jevanđelju po Marku 16:17-18: *„A znaci onima koji veruju biće ovi: imenom mojim izgoniće đavole; govoriće novim jezicima; uzimaće zmije u ruke, ako i smrtno šta popiju, neće im nauditi; na bolesnike metaće ruke, i ozdravljaće."*

## Malo seme gorčice izrasta u veliko drvo

Isus je rekao Svojim učenicima da imaju malo vere kada je video da ne mogu da isteraju demone i dodao da je sve moguće čak i sa verom toliko malom poput semena gorčice. On u Jevanđelju po Mateju 17:20 kaže: *„A Isus reče im: Za neverstvo vaše. Jer vam kažem zaista: ako imate vere koliko zrno gorušičino, reći ćete gori ovoj: Pređi odavde tamo, i preći će, i ništa neće vam biti nemoguće."*

Seme gorčice je toliko malo kao tačka koju ste obeležili hemijskom olovkom na komadu papira. Ipak, sa verom toliko malom, možete da pomerite planinu sa jednog mesta na drugo i sve stvari su vam moguće.

Da li imate veru toliko malu kao seme gorčice? Da li se planina pomera sa jednog mesta na drugo vašom komandom? Jesu li ove stvari moguće za vas? Pošto vam je nemoguće da shvatite šta ovaj pasus znači bez potpunog razumevanja njegovog duhovnog značenja, dozvolite nam da se udubimo u njega sa alegorijom o semenu gorčice koju nam je Isus dao:

> *Carstvo je nebesko kao zrno gorušičino koje uzme čovek i poseje na njivi svojoj; Koje je istina najmanje od sviju semena, ali kad uzraste, veće je od svega povrća, i bude drvo da ptice nebeske dolaze, i sedaju na njegovim granama* (Jevanđelje po Mateju 13:31-32).

Seme gorčice je manje od bilo kog drugog semena, ali kada raste i izraste u veliko drvo, mnoge ptice dolaze i sede na njegovim granama. Isus je upotrebio alegoriju o semenu gorčice kako bi nas naučio da možemo pomeriti planinu odavde do tamo i da su sve stvari moguće ako vaša mala vera sazri. Isusovi učenici je trebalo da imaju veliku veru sa kojom je sve moguće zato što su bili sa Njim dugo vremena i iz prve ruke su videli mnoga divna Božja dela. Međutim, zato što nisu imali veliku veru, Isus im je to prebacivao.

### Potpuna Mera Vere

Jednom kada primite Svetog Duha i dostignete duhovnu veru, vaša vera treba da odraste sve do potpune mere koja čini sve stvari mogućim. Bog želi da vi dobijete odgovore na sve što pitate time što ćete uvećavati vašu veru.

Poslanica Efežanima 4:13-15 nas podseća na: *„Dokle dostignemo svi u jedinstvo vere i poznanje Sina Božijeg, u čoveka savršenog, u meru rasta visine Hristove. Da ne budemo više mala deca, koju ljulja i zanosi svaki vetar nauke, u laži čovečijoj, putem prevare; nego vladajući se po istini u ljubavi da u svemu uzrastemo u Onome koji je glava, Hristos."*

Prirodno je da ako je beba rođena, njeno rođenje evidentiraju vlasti, i ona raste da postane dete, a potom i mladić. U dogledno vreme se ženi, rađa decu i postaje otac.

Na isti način, ako vi postanete dete Božje kroz Isusa Hrista a vaše ime zapišu u Knjigu Života u Nebeskom kraljevstvu, vaša vera treba da raste svaki dan da dostigne veru dece, mladića a onda i očeva.

Zbog toga nas 1. Korinćanima 3:2-3 uči da: *„Mlekom vas napojih a ne jelom, jer još ne mogaste. Ni sad još ne možete, jer ste još telesni. Jer gde su među vama zavisti i svađe i nesloge, niste li telesni, i ne živite li po čoveku?"*

Baš kao što i novorođenče mora da pije mleko da bi živelo, duhovna beba mora da pije duhovno mleko da bi raslo. Kako, onda, duhovna beba može da raste da postane otac?

## 1. Vera nezrelih/nesigurnih beba

U 1. Poslanica Jovanova 2:12 čitamo: *„Pišem vam, dečice, da vam se opraštaju gresi imena Njegovog radi."* Ovaj stih nam govori da će onome ko nije poznavao Boga biti oprošteni grehovi kada prihvati Isusa Hrista, i dobije pravo da postane dete Božje kroz Sveti Duh koji dolazi da boravi u njegovom srcu (Jevanđelje po Jovanu 1:12).

Nema ništa nego ime Isusa Hrista pomoću koga može da vam bude oprošteno i da primite spasenje. Međutim, ovozemaljski ljudi smatraju Hrišćanstvo kao vrstu religije koja je dobra za mentalni napredak i postavljaju provokativno pitanje: „Zašto govorite da možemo biti spašeni samo kroz Isusa Hrista?"

Zašto, onda, Isus Hrist jeste naš jedini Spasitelj? Ljudska bića ne mogu biti spašena drugim imenom osim Isus Hrist, i mogu im biti oprošteni grehovi kroz krv Isusovu koji je umro na krstu.

Apostolska Dela 4:12 svedoče: *„Jer nema drugog imena pod nebom danog ljudima kojim bi se mi mogli spasti,"* a u Delima Apostolskim 10:43 čitamo: *„Za ovo svedoče svi proroci da će imenom Njegovim primiti oproštenje greha svi koji Ga veruju."* Dakle, to je proviđenje i volja Božja da su ljudi spašeni kroz Isusa Hrista.

Kroz istoriju čovečanstva, postojali su takozvani „veliki" ili „veličanstveni" ljudi kao što su Sokrat, Konfučije, Buda, i slični. Iz Božje perspektive, međutim, oni su bili ništa više nego obična bića i grešnici jer su svi ljudi rođeni sa originalnim grehom nasleđenim od Adama, koji je počinio greh neposlušnosti, i od njihovih očeva.

Ipak, Isus je imao duhovnu moć i prigodne kvalifikacije da postane Spasitelj ljudske rase. On nije imao praroditeljski greh zato što Ga je začeo Sveti Duh. On takođe nije lično počinio grehove tokom Njegovog života. Na taj način, On je imao snagu da spasi ljudstvo zato što je On bio nevin i imao je veliku ljubav da žrtvuje čak i Svoj život za grešnike.

Zato, ako verujete da je Isus Hrist jedini pravi put spasenja i prihvatite Ga kao svog Spasitelja, vama će biti oprošteni svi grehovi, primićete Svetog Duha kao dar od Boga, i bićete označeni kao Njegovo dete.

## Vera razbojnika sa jedne Isusove strane

Kada je Isus bio obešen na krstu da preuzme grehove čovečanstva, jedan od dva razbojnika sa jedne strane Isusove pokajao se od svojih grehova i prihvatio Ga kao svog Spasitelja neposredno pre smrti. Kao ishod, on je bio označen kao dete Božje i ušao je u Raj. Svi oni koji su rođeni ponovo prihvatanjem Isusa Hrista, Bog naziva: „Moja mala deco!"

Neki ljudi će prigovarati: „Razbojnik je prihvatio Isusa kao svog Spasitelja i bio je spašen neposredno pre smrti. Ja ću uživati u svetu onoliko koliko želim i prihvatiću Isusa Hrista kao mog Spasitelja baš pre nego što umrem. I ja ću ipak otići u Raj!" Takva ideja je, međutim, apsolutno pogrešna.

Kako je razbojnik mogao da prihvati Isusa, koga su ismevali zli ljudi i koji je umirao na krstu? Razbojnik je već mislio da bi Isus mogao da bude Mesija dok je slušao Njegove poruke. On je priznao svoju veru u Isusa i prihvatio Ga kao Spasitelja kada je bio obešen na krst pokraj Njega. Na taj način, on je primio spasenje i dostigao pravo da uđe u Raj.

Isto tako, svako dostiže pravo da postane dete Božje kada prihvati Isusa kao svog Spasitelja i primi Svetog Duha. Zato ga Bog zove: „Moje malo dete." Na primer, kada se beba rodi, njeno rođenje se registruje i ona postaje građanin zemlje u kojoj je rođena. Na isti način, vi možete dobiti nebesko pravo građanstva i biti priznati kao dete Božje ako je vaše ime registrovano u Knjizi Života.

Tako se vera nezrelih/nesigurnih beba odnosi na veru ljudi koji su tek prihvatili Isusa Hrista, kojima su oprošteni grehovi i postali su deca Božja pošto su njihova imena upisana u Knjigu Života u Raju.

## 2. Vera dece

Ljudi koji su prihvatanjem Isusa Hrista i dostizanjem duhovnog života, rođeni ponovo kao deca Božja sazrevaju u svojoj veri i dobijaju veru deteta. Kada se beba rodi i odvoji se od majke, može da prepozna roditelje i razlikuje određene elemente, okolinu i ljude. Ipak, deca malo znaju i moraju da budu pod zaštitom svojih roditelja. Ako ih pitaju da li znaju ko su njihovi roditelji, verovatno će reći: „Da." Međutim, ako ih pitaju o mestu rođenja njihovih roditelja ili o porodičnom poreklu, neće moći da odgovore. Dakle, deca ne poznaju do detalja svoje roditelje, čak iako će možda reći: „Ja poznajem moju majku i oca."

Ako roditelji kupe igračke svom detetu, to dete može da kaže da li je to igračka auto ili lutka, ali neće znati kako je taj auto napravljen ili kako je ta lutka kupljena. Prema tome, deca znaju neke delove stvari koje mogu videti svojim očima, ali ne razumeju detalje stvari koje ne mogu videti.

Duhovno, deca imaju veru početnika da poznaju Boga Oca, oni uživaju milost u veri nakon što prihvate Isusa Hrista i prime Svetog Duha. 1. Poslanica Jovanova 2:13 kaže: *„Pišem vam, deco, jer poznaste Oca."* Ovde „poznaste Oca" ukazuje da su ljudi sa verom dece prihvatili Isusa Hrista i naučili Reč Božju posećivanjem crkve.

Baš kao što beba na početku zna malo ali kako raste može da prepozna svog oca i majku, novi vernici takođe postepeno razumeju želju i srce Gospoda Oca kako posećuju crkvu i slušaju Njegovu Reč. Opet, oni još nisu sposobni da se povinuju Njegovoj Reči zato što nemaju dovoljno vere.

Zato je vera deteta vera ljudi koji znaju istinu time što su je slušali, i ponekad se povinuju Reči a ponekad i ne. Ovaj nivo vere još nije savršen.

### Onaj koji Boga zove „Oče"?

Ako neko nije prihvatio Isusa Hrista ali priznaje: „Znam Boga," on laže. Međutim, ima onih koji kažu: „Ja ne posećujem crkvu, ali znam Boga." To su oni koji su pročitali Bibliju jednom ili dva puta, ranije posećivali crkvu, ili su čuli za Boga tu i tamo. Ipak, da li oni zaista znaju Boga Stvoritelja?

Ako oni stvarno poznaju Boga, oni treba da razumeju zašto je Isus jedan i jedini Sin Božji, zašto je Bog Njega poslao na ovaj svet, i zašto je Bog stavio drvo poznanja dobra i zla u Rajskom Vrtu. Oni moraju takođe da znaju o postojanju Raja i Pakla, i kako mogu biti spaseni i ući u Raj.

Šta više, ako oni iskreno razumeju ove činjenice, neće biti ni jednog koji će odbijati da ide u crkvu i živi po Reči Božjoj. Ipak, oni ne posećuju crkvu ili zovu Boga „Oče" zato što niti veruju u Boga niti Ga poznaju.

Na isti način, neki svetovni ljudi koji ne veruju u Boga mogu da kažu da Ga poznaju, ali to nije istina. Oni ne mogu da priznaju Boga ili da Ga zovu „Oče" zato što ne znaju Isusa Hrista i ne žive po Njegovoj Reči (Jevanđelje po Jovanu 8:19).

### Ljudi različito zovu Boga

Vernici zovu istog Boga različito shodno sa merom njihove vere. Ni jedan Ga ne zove „Bog Otac" pre nego što prihvati Isusa Hrista kao Spasitelja. Sasvim je prirodno da Ga ne zove „Oče" zato što još nije ponovo rođen.

Kako novi vernici zovu Boga? Oni su pomalo stidljivi i jednostavno ga zovu „Bože." Oni ne mogu umiljato da Ga zovu „Bože moj Oče" i umesto toga se osećaju nelagodno ili neprijatno jer Mu oni nisu služili kao svom Ocu.

Međutim, ime kojim vernici zovu Boga se menja kako njihova vera raste do vere dece. Oni ga zovu „Oče" kada imaju veru dece, baš kao što deca veselo zovu svoje očeve „Tatice." Naravno, nije pogrešno da ga jednostavno zovu „Bože" ili „Bože Oče." Oni će početi da ga zovu „Oče Bože" umesto „Bože Oče" ako njihova vera više sazri. Šta više, oni Ga samo zovu „Oče" kada se mole Bogu.

Šta mislite ko će da zvuči umiljatije i prisnije Bogu: onaj koji Ga zove „Bože" ili onaj koji Ga zove „Oče"? Koliko će zadovoljan Bog biti kada ga zovete „Moj Oče" iz dubine svog srca!

Poslovice 8:17 nam govori: *„Ja ljubim one koji mene ljube, i koji me dobro traže nalaze me."* Što više volite Boga, više će i On voleti vas. Što Ga više tražite, lakše ćete dobiti Njegove odgovore.

U stvari, vi ćete živeti u Raju zauvek nazivajući Boga „Oče" kao Njegovo dete, tako da i vama odgovara da imate blizak i doličan odnos sa Bogom i u ovom životu. Zato morate da izvršite svoj zadatak kao dete Božje i potpunim povinovanjem Njegovim zapovestima pokažete dokaz da Ga volite.

## 3. Vera mladeži

Baš kao što dete raste da postane jaka i pronicljiva mlada osoba, vera dece odrasta i postaje vera omladinaca. To jest, nakon faze duhovnog detinjstva u veri, kroz molitvu i Reč Božju, nivo ljudske vere raste da postane vera duhovne omladine koja može da kaže šta su volja Boga Oca i greh.

### Omladina je snažna i hrabra

Ima nekoliko deteta koja poznaju dobro zakon države. Oni treba da su pod zaštitom svojih roditelja, i čak iako počine zločin, njihovi roditelji su odgovorni za to zato što nisu svoju decu dobro vaspitali. Deca ne znaju tačno šta je greh, šta je pravednost, a šta je srce roditelja zato što su još u procesu učenja.

Šta je sa omladinom? Oni su jaki, vrlo temperamentni i skloni da počine grehove. Oni su željni da vide, uče i iskuse sve, i skloni su da imitiraju druge. Skloni su radoznalosti u svakom obliku, tvrdoglavi i ubeđeni da ne postoji ništa što ne mogu da urade.

Na isti način, duhovna omladina ne teži ka ovozemaljskim stvarima, već se umesto toga ispunjenošću Svetim Duhom nadaju za Raj, i pobeđuju grehove Božjom Rečju zato što imaju jaku veru. Oni vode trijumfalne živote pod svim okolnostima, prevazilazeći svet i đavola sa nepopustljivom hrabrošću zato što Reč živi u njima.

### Prevazići i vladati nad đavolom

Kako, onda, omladina sa jakom i snažnom verom prevazilazi grešan svet i đavola? Oni koji prihvate Isusa Hrista dobijaju pravo da postanu deca Božja i u veri trijumfalno pobede one zle. Đavo, iako je jak, ne usuđuje se da učini nešto pred decom Božjom. Tako, u 1. Jovanovoj Poslanici 2:13 nalazimo: „*Pišem vam, mladići, jer nadvladaste nečastivog."*

Vi možete nadjačati đavola kada živite u istini zato što Reč Božja treba da ostane u vama. Baš kao i što ljudi ne mogu da se pridržavaju zakona ako ga ne poznaju, vi ne možete živeti po Reči Božjoj bez da je poznajete.

Zato morate da držite Njegovu Reč u vašim srcima i živite po njoj tako što ćete odbaciti sve vrste greha. Na taj način, ljudi sa verom omladine mogu da prevaziđu svet sa Rečju Božijom. Zbog toga u 1. Jovanovoj Poslanici 2:14 čitamo: *„Pisah vam, mladići, jer ste jaki, i reč Božija u vama stoji, i nadvladaste nečastivog."*

## 4. Vera očeva

Kada omladinci sa jakim i nepopustljivim duhom porastu i postanu odrasli, oni će biti u stanju da procene i razumeju svaku situaciju i, nakon mnogo iskustva, dostići će mudrost da budu dovoljno promišljeni da se ponize kada je to potrebno. Ljudi sa verom očeva znaju poreklo Oca do detalja i razumeju Njegovo proviđenje zato što imaju potpunu duhovnu veru.

### Ko zna poreklo Boga?

Očevi su različiti od omladine po mnogim aspektima. Omladina je nezrela zato što im nedostaje iskustvo, čak iako su naučili mnogo stvari. Prema tome, ima mnogo situacija i događaja koje mladi ljudi ne razumeju, dok očevi shvataju mnoge elemente dobro zbog toga što su iskusili razne aspekte života.

Očevi takođe razumeju zašto roditelji žele da imaju decu, koliko bolno jeste rađanje deteta i koliko teško je podizanje dece. Oni znaju o svojim porodicama: odakle su njihovi roditelji došli, kako su se upoznali i oženili i tome slično.

Postoji Korejska poslovica, koja kaže: „Samo kada rodite vašu sopstvenu decu, vi iskreno možete razumeti srce vaših roditelja." Slično, samo ljudi sa verom očeva mogu da potpuno razumeju srce Boga Oca. O takvim zrelim hrišćanima, 1. Poslanica Jovanova 2:13 kaže: *„Pišem vam, oci, jer poznaste Onog koji nema početka."*

Nadalje, oni koji imaju veru očeva postaju primer mnogima i obuhvataju sve vrste ljudi zato što su skromni i sposobni da stoje čvrsto na istini bez odstupanja od nje.

Ako ćemo veru očeva da uporedimo sa sezonom žetve, vera omladine može biti upoređena sa nezrelim voćem. Ljudi sa verom omladine su upoređeni sa nezrelim plodovima jer oni su skloni insistiranju na sopstvenim mislima i teoriji.

Ipak, na način na koji je Isus pokazao primer služenja time što je prao Njegovim učenicima noge, duhovni očevi, za razliku od omladine, beru zrelo voće dela i daju slavu Bogu sa tim plodovima dela.

### Imati srce Isusa Hrista

Bog želi da Njegova deca steknu srce Boga, koji je od početka, i od Isusa Hrista, koji je Sebe pokorio i bio poslušan sve do tačke smrti (Poslanica Filipljanima 2:5-8). Iz ovog razloga, Bog iskušava Svoju decu, i kroz ova iskušavanja njihova vera sazreva i oni stiču istrajnost i nadu. Na ovaj način, njihova vera prerasta do nivoa očeva.

U Jevanđelju po Luki 17 Isus uči svoje učenike alegorijom o slugi. Sluga je radio na polju celog dana i vratio se kući u sumrak, ali tamo nije bilo nikoga da mu kaže: „Odličan posao! Odmori se i večeraj." Umesto toga, sluga je morao da spremi večeru za svog gospodara i čeka ga; samo posle toga sluga je mogao da i sam večera. Pored toga, niko mu nije rekao: „Hvala ti mnogo na tvom napornom radu," premda je uradio sve kako mu je gospodar zapovedio. Sluga je samo rekao: „Ja sam bezvredan sluga; Ja sam uradio ono što je trebalo da uradim."

Na isti način, vi treba da budete skroman i poslušan čovek, koji kaže: „Ja sam jedan bezvredan sluga; uradio sam samo svoju dužnost," čak i pošto ste uradili sve što vam je Bog zapovedio da uradite. Ljudi sa verom očeva znaju dubinu i visinu srca Božjeg koji je od početka, i takođe imaju srce Isusa Hrista koji se ponizio i napravio Sebe ništavnim i postao pokoran do tačke smrti. Dakle, Bog prepoznaje i visoko uvažava takve pojedince i oni će sijati u Raju kao sunce.

Baš kao što i malo seme gorčice raste i postaje veliko drvo na kome mnoge ptice borave, duhovna vera raste od mere nezrelih/nesigurnih beba do mere dece, omladine i očeva. Koliko čudesno blagosloveni vi jeste kada znate Onog koji je od početka, imate dovoljno vere da razumete Njegovu visinu i dubinu, i sposobni ste da pazite na mnogo duša koje lutaju na način na koji je Isus radio.

Da imate srce Gospodnje ispunjeno velikodušnošću i ljubavlju, da posedujete veru očeva, obilato rađate plodove, i sijate kao sunce u Raju od sad pa zauvek, ja se molim u ime našeg Gospoda!

Poglavlje 3

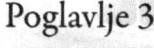

# Mera vere svakog pojedinca

1
Mera vere data od Boga
2
Različita mera vere svakog pojedinca
3
Mera vere iskušana vatrom

*„Jer kroz blagodat koja je meni data
kažem svakome koji je među vama
da ne mislite za sebe više
nego što valja misliti;
nego da mislite u smernosti
kao što je kome Bog udelio meru vere."*
(Poslanica Rimljanima 12:3)

Bog vam dozvoljava da žanjete onako kako ste posejali i nagrađuje vas shodno sa time šta ste uradili zato što je On pravedan. U Jevanđelju po Mateju 7:7-8 Isus nam govori: *„Ištite, i daće vam se; tražite, i naći ćete; kucajte, i otvoriće vam se. Jer svaki koji ište, prima; i koji traži, nalazi; i koji kuca, otvoriće mu se."*

Vi dobijate blagoslove i odgovore na vašu molitvu ne zbog telesne vere već zbog duhovne vere. Vi možete da dobijete telesnu veru kada slušate Reč Božju i naučite je. Duhovna vera, pak, nije slobodno data; možete da je dobijete samo kada vam je Bog da.

Otuda nam se u Poslanici Rimljanima 12:3 ukazuje: *„Nego da mislite u smernosti kao što je kome Bog udelio meru vere."* Duhovna vera svakog pojedinca data od Boga se razlikuje jedna od druge. Takođe, kao što nailazimo u 1. Korinćanima 15:41: *„Druga je slava suncu, a druga slava mesecu, i druga slava zvezdama; jer se zvezda od zvezde razlikuje u slavi"* nebeska mesta boravišta i slava kojima je nagrađen svaki pojedinac su različiti shodno sa merom njegove vere.

## 1. Mera vere data od Boga

„Mera" je težina, zapremina, količina ili veličina nekog

predmeta. Bog meri veru svakog pojedinca i daje osobi odgovore shodno sa merom njegove ili njene vere.

Uopšteno, ljudi sa velikom verom mogu da dobiju odgovore samo ako žude za njima u njihovim srcima, dok neki drugi dobijaju odgovore samo ako se revnosno mole i poste jedan dan, dok neki drugi sa malo vere dobijaju odgovore kada se mole mesecima ili godinama. Ako bi mogli da „zaslužite" duhovnu veru po želji, svako bi dobio odgovore i blagoslove koje želi. Svet bi postao mnogo konfuzno i neuredno mesto za život.

Pretpostavimo da postoji čovek koji ne živi po Reči Božjoj. Ako čovek zatraži: „Bože, molim te dozvoli mi da postanem direktor veoma poznatog biznis konglomerata u ovoj zemlji!" ili „Ja mrzim ovog čoveka. Molim te kazni ga," i njegovim molitvama i željama bude udovoljeno, kakav bi svet onda bio?

### Duhovna vera i pokornost

Kako možete da imate duhovnu veru? Bog ne daje svima duhovnu veru, već samo onima koji se kvalifikuju povinovanjem Njegovoj Reči. Prema tome, vi možete da dobijete duhovnu veru onoliko koliko u sebi odbacite neistinu kao što je mržnja, svađa, zavist, preljubništvo i slično, i volite čak i svoje neprijatelje.

U Bibliji, Isus je neke pohvalio, govoreći: „Vaša vera je velika!" ali prekorio je druge, govoreći: „Vi imate malo vere!"

Na primer, u Jevanđelju po Mateju 15:21-28 neka Hanajka je došla kod Isusa i tražila da izleči njenu demonom posednutu ćerku. Ona je uzviknula: *„Pomiluj me Gospode sine Davidov! Moju kćer vrlo muči đavo"* (stih. 22).

Međutim Isus je hteo da iskuša njenu veru, i odgovorio je:

*„Ja sam poslan samo k izgubljenim ovcama doma Izrailjevog"* (stih. 24). Žena je kleknula ispred Isusa. *„Gospode pomozi mi!"* rekla je (stih. 25). Isus je odbio ponovo, govoreći: *„Nije dobro uzeti od dece hleb i baciti psima"* (stih. 26). On je ovo rekao zato što su Jevreji Njegovog vremena smatrali nejevreje psima, a žena je bila nejevrejka iz oblasti zvane Tir.

U ovoj situaciji, mnogi bi se ljudi osetili posramljeno, obeshrabreno ili uvređeno i lako bi odustali od pokušaja da dobiju odgovore. Ipak, žena nije bila razočarana i ponizno je prihvatila šta joj je Isus rekao. Ona se spustila toliko nisko i ponizno kao pas, i neprestano molila za Njegovu milost: *„Da, Gospode, ali i psi jedu od mrva što padaju s trpeze njihovih gospodara"* (stih. 27). Na ovo je Isus bio zadovoljan njenom verom i odgovorio joj: *„O ženo! Velika je vera tvoja; neka ti bude kako hoćeš,"* i njena ćerka je odmah izlečena (stih. 28).

Mi takođe vidimo kako Isus kori svoje učenike zbog njihove male vere u Jevanđelju po Mateju 17:14-20. Čovek je doveo svog sina koji je silno patio od epilepsije kod Isusovih učenika, ali oni nisu mogli da izleče dete. Nako toga, čovek je doneo svoga sina kod Isusa, i On je oterao demone iz dečaka odmah i izlečio ga. Nakon što je Isus izlečio dete, Njegovi učenici su došli i pitali Ga: *„Zašto ga mi ne mogasmo izgnati?"* (stih. 19) On je odgovorio: *„Za neverstvo vaše"* (stih. 20).

U nastavku, Isus je prekorio Petra u Jevanđelju po Mateju 14:22-33. Jedne noći, Njegovi učenici su bili na brodu u sred razbesnelih udarnih talasa, a Isus im je prišao hodajući po vodi. Oni su bili prestravljeni kada su Ga prvi put videli da hoda po moru, i vrištali su od straha: „*To je utvara!*" (stih. 26) Isus im je odmah rekao: „*Ne bojte se; ja sam, ne plašite se*" (stih. 27).

Petar se osmelio i odgovorio: „*Gospode! Ako si Ti, reci mi da dođem k Tebi po vodi*" (stih. 28). Onda mu je Isus rekao: „Hodi" kao što je Petar želeo da čuje. Petar je iskoračio sa broda, hodao po vodi, i krenuo ka Isusu. Ipak, kada je video vetar, Petra je obuzeo strah i kako je počeo da tone, on je uzviknuo: „*Gospode, pomagaj!*" (stih. 30) Isus je odmah ispružio Svoje ruke i uhvatio Petra, i prekorio Svoje učenike: „*Maloverni! Zašto ste posumnjali?*" (stih. 31)

Petar je bio prekoren zbog malo vere u to vreme, ali nakon što je primio Svetog Duha i moć Božju, on je izveo mnogobrojna čuda u ime Gospodnje, i sa njegovom velikom verom bio je raspet naglavačke za Gospoda.

## 2. Različita mera vere svakog pojedinca

Ima mnogo alegorija u Bibliji koje objašnjavaju meru vere. 1. Poslanica Jovanova 2 objašnjava meru vere upoređujući je sa rastom čoveka, a Jezekilj 47:3-5 objašnjava meru vere upoređujući je sa dubinom vode:

> *I kad čovek iziđe na istok s merom u ruci, izmeri hiljadu lakata, i prevede me preko vode, i voda beše do gležanja. Potom opet izmeri hiljadu lakata, i prevede me preko vode, a voda beše do kolena. Opet izmeri hiljadu lakata, i prevede me, a voda beše do pojasa. I opet*

*izmeri hiljadu lakata; i posta reka, koje ne mogoh preći, jer voda ustade da trebaše plivati, posta reka koja se ne može pregaziti.*

Knjiga o Jezekilju je jedna od pet Velikih Knjiga Proročanstva u Starom Zavetu. Bog je dozvolio Proroku Jezekilju da zapiše proročanstva kada je južno Kraljevstvo Judejaca bilo uništeno od strane Vavilona i mnogi su jevreji uzeti kao ratni zarobljenici. Od Jezekilja 40 pa nadalje, je opisan hram koga je Jezekelj video u viziji.

U Jezekelju 47 prorok piše o viziji u kojoj je video vodu kako izvire ispod praga hrama okrenutog prema istoku. Voda je dolazila dole ispod južne strane hrama, južno od oltara. Onda je voda izašla kroz severnu kapiju, i tekla van okolo svetilišta do spoljne kapije okrenute prema istoku.

„Voda" ovde duhovno simbolizuje Reč Božju (Jevanđelje po Jovanu 4:14), a činjenica da voda ide kroz i okolo unutrašnjosti hrama, i onda otiče van hrama ukazuje da se Reč Božja propoveda ne samo unutar hrama već i prema svetu.

Šta je Jezekelj mislio pod ovime „čovek je izmerio hiljadu lakata," idući prema istoku sa konopcem za merenje u ruci? Ovo se odnosi na Gospodovo odmeravanje vere svakog pojedinca i tačan sud o njemu shodno meri njegove vere na dan Strašnog Suda.

„Čovek sa konopcem za merenje u ruci" se odnosi na slugu Gospodnjeg, a „imati konopac" znači da Gospod meri veru svakog pojedinca precizno bez pravljenja greški. Otuda, menjanje dubine vode metaforično označava različite nivoe mere vere.

## Shodno sa dubinom vode

„Voda do gležnjeva" označava veru duhovne dece/nesigurnih beba, meru vere koja vam omogućava da jedva primite spasenje. Kada se mera vere uporedi sa čovečijom visinom, ovaj nivo vere je toliko veliki kolika je visina njegovog zgloba. Sledeće, „voda duboka do kolena" se odnosi na veru dece, a „voda duboka do pojasa" označava veru omladine. Najzad, „voda duboka da se može plivati u njoj" odnosi se na veru očeva.

Na ovaj način, na Sudnji dan Gospod će izmeriti veru svakog pojedinca i odrediti mesto boravišta na nebesima svake osobe onako kako on živi po Reči Božjoj u ovom životu.

„Da izmerite hiljadu lakata" ukazuje na Božje veliko srce, Njegovu preciznost bez najmanje greške i dubine Njegovog srca koje sve uzima u obzir. Bog meri veru svakog pojedinca ne samo iz jedne perspektive, već iz svih uglova. Bog pretražuje svako naše delo i centar naših srca tako tačno da niko neće osećati da je pogrešno stavljen na odgovornost.

Tako Bog pretražuje sve Njegovim blještećim očima, i čini da svaki pojedinac žanje ono što seje i nagrađuje ga shodno onome šta je uradio. Zbog toga Poslanica Rimljanima 12:3 kaže: „*Jer kroz blagodat koja je meni data kažem svakome koji je među vama da ne mislite za sebe više nego što valja misliti; nego da mislite u smernosti kao što je kome Bog udelio meru vere.*"

## Mislite mudro shodno sa merom vaše vere

Jeste drugačije, a i osećaj je drukčiji hodati u do zgloba dubokoj vodi od hodanja u vodi dubokoj do pojasa. Kada ste u vodi do zgloba dubokoj, možete da pomislite da hodate i trčite zato što tu ne možete plivati. Međutim, ako ste u vodi do pojasa, vi ćete radije plivati nego hodati.

Slično, oni sa verom dece razmišljaju različito od onih sa verom očeva baš kao što su i čovekove misli drugačije u promenljivoj dubini vode. Dakle, odgovarajuće je da mislite mudro u saglasnosti sa merom vaše vere.

Avram je dobio Isaka kao obećanog sina nakon što je Bog prepoznao njegovu veru. Jednog dana, Bog je zapovedio Avramu da daruje svog jedinog sina Isaka kao ognjenu žrtvu. Šta je Avram mislio o zapovesti Božjoj? On nikada nije mislio u boli „Zašto mi je Bog zapovedio da darujem Isaka kao ognjenu žrtvu uprkos činjenici da mi ga je On dao kao obećanog sina? Da li On krši Svoje obećanje?"

Poslanica Jevrejima 11 nas podseća da je Avram mislio mudro o Božjoj komandi: „On nikada ne laže, tako da će On dići mog sina iz mrtvih." Avram nije o sebi mislio uzvišenije nego što jeste, već je radije mislio o sebi shodno sa merom vere koju mu je Bog dao.

Avram se nije žalio niti je mumlao, već se povinovao Bogu poniznog srca. Kao ishod, Bog ga je više cenio i voleo, i postao je praotac vere.

Vi morate da razumete da je Avram samo kroz ozbiljno i teško iskušenje bio proglašen čovekom sa duhovnom verom i poveden ka putu blagoslova. Vi možete da dobijete Božju ljubav i blagoslove ako prođete vatrena iskušenja misleći mudro o sebi u skladu sa merom vaše sopstvene vere.

## 3. Mera vere iskušana vatrom

1. Korinćanima 3:12-15 govori nam da Bog testira veru svakog pojedinca vatrom i meri dela koja ostaju kasnije:

> *Ako li ko zida na ovom temelju, zlato, srebro, drago kamenje, drva, seno, slamu, Svakog će delo izaći na videlo; jer će dan pokazati, jer će se ognjem otkriti, i svako delo pokazaće oganj kao što jeste. I ako ostane čije delo što je nazidao, primiće platu. A čije delo izgori, otići će u štetu; a sam će se spasti tako kao kroz oganj.*

„Temelj" se ovde odnosi na Isusa Hrista, a „delo" se odnosi na ono što je učinjeno svesrdnim trudom. Ako neko veruje u Isusa Hrista, njegovo delo će biti otkriveno onakvo kakvo je „jer će dan pokazati."

### Kada je delo pokazano?

Prvo, delo svakog pojedinca će biti pokazano kada se njegova dužnost završi. Ako mu se dužnost daje godišnje, njegovo delo će biti otkriveno na kraju svake godine.

Drugo, Bog testira delo svakog pojedinca kada sud vatrom dođe do njega. Neki ljudi su mirni i ne menjaju se čak i kad se suoče sa ozbiljnim iskušenjima i brigama kao što je vatra, dok drugi nisu u stanju da istraju.

Konačno, Bog testira dela svakog pojedinca Sudnjeg dana koji će doći nakon Drugog Dolaska Isusa Hrista. On će meriti pobožnost i odanost svakog pojedinca po zaslugama odrediti mesto boravka na nebesima i nagrade.

## Delo ostaje nakon testa vatrom

Ponovo nas 1. Korinćanima 3:12-13 podseća: *„Ako li ko zida na ovom temelju, zlato, srebro, drago kamenje, drva, seno, slamu, Svakog će delo izaći na videlo; jer će dan pokazati, jer će se ognjem otkriti, i svako delo pokazaće oganj kao što jeste."*

Ako Bog testira vatrom delo svakog pojedinca, kvalitet dela svakog pojedinca će se pokazati kao vera od zlata, srebra, dragog kamenja, drveta, sena i slame. Nakon Božjeg testa, ljudi sa verom od zlata, srebra, dragog kamenja, drveta ili sena biće odvedeni u spasenje, ali ljudi sa verom od slame ne mogu biti spašeni zato što nisu ništa bolji nego da su mrtvi u duhu.

Šta više, ljudi sa verom od zlata, srebra ili dragog kamenja mogu da prevladaju vatrena iskušenja baš kao i što zlato, srebro ili drago kamenje ne mogu izgoreti u vatri, ali za ljude sa verom od drveta i sena nije lako da prevaziđu ta teška i vatrena iskušenja.

## Karakteristike zlata, srebra, i dragog kamenja

Zlato je kovan, rastegljiv, žut i metalni element i naročito se koristi za kovanje novčića, nakita, ukrasa, ili u zanatima. Dugo je smatrano kao najvredniji nakit. Njegova prelepa blistavost se ne menja čak ni posle dugo vremena zato što nema hemijske reakcije između zlata i drugih supstanci.

Zbog toga, zlato je smatrano kao najvredniji dragulj zato što je nepromenljivo, izuzetno korisno za različite namere i dovoljno elastično da bude različito oblikovano.

Srebro je bilo u širokoj upotrebi za novčiće i ukrase i industrijske svrhe zato što je drugo po kvalitetu u kovanju i rastegljivosti i veoma dobro sprovodi toplotu. Srebro je svetlije nego zlato, i slabije je nego zlato po lepoti i blistavosti.

Dragoceno kamenje, kao što su dijamanti, safiri, ili smaragdi ističu prelepe boje i blistavost, ali ne mogu biti korišćeni u razne svrhe. Oni takođe gube vrednost i postaju bezvredni ako se polome ili su ogrebani.

Zato Bog meri veru svakog pojedinca kao veru od zlata, srebra, dragog kamenja, drveta, sena, slame shodno onome delu koje preostane nakon suda vatrom, i smatra veru od zlata najvrednijom od svih.

### Dostići veru od zlata

Sa jedne strane, ljudi sa verom kao zlato nisu uzdrmani čak i kada se suoče sa vatrenim iskušenjima. Vera od srebra nije toliko jaka kao vera od zlata, ali je nad onom od dragog kamenja koje je trošno u vatri. Sa druge strane, ljudi sa verom od drveta ili slame, čija dela sagore Božjim vatrenim testom, mogu jedva da prime spasenje ali bez ijedne nagrade. Bog nagrađuje svakoga shodno sa time šta je učinio zato što je On pravedan i ispravan. Dakle, On prihvata ljude koji imaju nepromenljivu veru onako kako se zlato nikada ne menja, i nagrađuje ih i na Nebesima i na ovoj zemlji.

Apostol Pavle, koji je posvetio sebe kao apostola za nejevreje, propovedao je jevanđelje nepromenjenog srca i trkao se u trci vere sve do kraja čak iako je bio suočen sa mnogim iskušenjima i nevoljama od vremena kada je prvi put upoznao Gospoda.

Dela Apostolska 16:25 nam govore sledeće: *„A u ponoći*

*behu Pavle i Sila na molitvi i hvaljahu Boga, a sužnji ih slušahu.* " Zbog propovedanja jevanđelja, Pavle i Sila su bili brutalno bičevani i zatvoreni sa okovima na nogama, ali su pesmom slavili Boga u molitvi bez jadikovanja.

Na ovaj način, Pavle se nije nikada odrekao Boga sve do smrti, niti je izustio jednu reč žalbe. On je uvek bio radostan i zahvalan sa srcem ispunjenim nadom za Nebesa, i bio veran u delima Gospodnjim sve do toga da se odrekne svog života.

Ako imate veru od zlata apostola Pavla, i vi ćete boraviti na predivnom mestu sijajući kao sunce na Nebesima, i dobićete veliku Božju ljubav zbog vašeg dela koje ne može izgoreti do pepela.

### Vera od drveta i sena

Ljudi sa verom od srebra ispunjavaju svoje zadatke kako bi trebalo, iako je njihova vera manja od vere od zlata. Kako, onda, izgleda vera od dragocenog kamenja?

Ljudi sa verom dragog kamena priznaju: „Ja ću biti veran Bogu! Ja ću propovedati jevanđelje svim svojim srcem," nakon što budu izlečeni od bolesti ili ispunjeni Svetim Duhom. Kada je njihovim molitvama odgovoreno, oni tvrde: „Od sada pa nadalje, ja ću živeti samo za Boga." Gledano spolja, oni izgledaju kao da poseduju veru od zlata, ali se spotiču ili zastranjuju na vatrenim iskušenjima zato što nemaju veru od zlata. Oni izgledaju kao da imaju veliku veru kada su ispunjeni Svetim Duhom, ali okreću leđa od puta vere i na kraju njihova srca su slomljena u parčad kao da uopšte nisu imali veru.

Drugim rečima, vera od dragog kamenja izgleda samo na momenat prelepo. Ipak, dela vere od dragog kamenja ostaju nakon vatrenih iskušenja, baš kao što su i veličina nakita ili dragog kamena sačuvani u vatru.

Dela vere od drveta i sena, međutim, potpuno sagore nakon iskušenja vatrom. Ponovo, 1. Korinćanima 3:14-15 nam govori: „*I ako ostane čije delo što je nazidao, primiće platu. A čije delo izgori, otići će u štetu; a sam će se spasti tako kao kroz oganj.*"

Istina je da ljudi sa verom od zlata, srebra, ili dragog kamena su spašeni i nagrađeni u Raju zato što dela njihove vere ostaju nakon Božjeg vatrenog iskušenja. Međutim, dela onih sa verom od drveta ili sena su spaljena do pepela kroz vatrena iskušenja, i takvi pojedinci su jedva spašeni ali ne mogu da dobiju nikakvu nagradu u Raju.

Bog prihvata sa radošću vašu veru i nagrađuje vas obilno ako Ga iskreno tražite. Poslanica Jevrejima 11:6 nam govori: „*A bez vere nije moguće ugoditi Bogu; jer onaj koji hoće da dođe k Bogu, valja da veruje da ima Bog i da plaća onima koji Ga traže.*"

On meri veru svakog pojedinca kroz test vatrom. Bog takođe daje blagoslove na zemlji i nagrade u Raju svakome sa nepromenjenom verom kao zlato.

Zato morate da razumete da postoje razni odgovori i blagoslovi Božji kao i razna mesta boravka i nagrade u Raju shodno sa merom vere svakog pojedinca.

Da se stremite da dostignete veru od zlata koja zadovoljava Boga tako da možete da uživate u Njegovim blagoslovima na svim vašim putevima na ovoj zemlji i boravite na predivnom mestu sijajući kao sunce u Raju, ja se molim u ime našeg Gospoda!

Poglavlje 4

# Vera da dobijete spasenje

1
Prvi nivo vere
2
Da li ste primili Svetog Duha?
3
Vera razbojnika koji se pokajao
4
Ne guši Svetog Duha
5
Da li je Adam bio spašen?

*„A Petar im reče:*
*‚Pokajte se,*
*i da se krstite svaki od vas u ime Isusa Hrista*
*za oproštenje greha;*
*i primićete dar Svetog Duha.*
*Jer je za vas obećanje i za decu vašu,*
*i za sve daleke*
*koje će god dozvati Gospod Bog naš.'"*
(Dela Apostolska 2:38-39)

U prošlom poglavlju, sagledao sam kako Bog prihvata duhovnu veru praćenu delima, da svaki pojedinac ima različitu meru duhovne vere, i da ona sazreva shodno sa pokoravanjem svakog pojedinca Reči Božjoj.

Mera vere će biti svrstana u pet nivoa-veru zlata, srebra, dragog kamenja, drveta i sena. Baš kao što se i penjete uz stepenice korak po korak, vaša vera odrasta, od sena do zlata, kako slušate Božju Reč i povinujete joj se.

Zato što samo verom možete otići u Raj, da bi pravosnažno polagali pravo na nebesko kraljevstvo, vi morate da uvećavate veru korak po korak. Šta više, što više dobijete veru od zlata, vi ćete povratiti izgubljenu sliku Boga, On će vas voleti i prihvatiti, i na kraju ćete dostići Novi Jerusalim u kome je smešten tron Božji. Dalje, ako imate veru od zlata, Bog je zadovoljan vama, hoda sa vama, odgovara željama vašeg srca, i blagoslovi vas da možete da izvedete čudesne znakove.

Zato se nadam da ćete meriti vašu veru i težiti da dostignete savršeniju veru.

## 1. Prvi nivo vere

Pre nego što smo primili Isusa Hrista, mi smo bili deca đavola i morali smo da padnemo u pakao zbog naših života u grehu. U vezi toga u 1. Jovanovoj Poslanici 3:8 čitamo: *"Koji tvori greh od đavola je, jer đavo greši od početka. Zato se javi Sin Božji da raskopa dela đavolja."* Ma koliko dobro i neokaljano izgledali, vi ćete se naći kako živite u tami jer će grešnost koja je skrivena u vama biti otkrivena kada vas obasja svetlost savršene Božje istine.

Ja sam nekad mislio da sam tako dobra i plemenita osoba da mogu da živim bez zakona. Međutim, kada sam prihvatio Gospoda i pogledao se u ogledalo Reči istine, video sam kakav sam bezbožan čovek bio. Kako sam se ponašao, šta sam rekao ili čuo i šta sam mislio je bilo protiv Njegove Reči.

Bog je u Jovu 1:8 pohvalio Jova govoreći: *"Nema onakvog čoveka na zemlji, neokaljanog i čestitog, koji se boji Boga i uklanja se oda zla."* Ipak, taj isti Jov, koji je bio smatran za neokaljanog i čestitog čoveka, izgovorio je Reči jadikovanja, žalbi, ili je jecao kada je prolazio kroz teška iskušenja.

On je priznao: *"Čak i danas moja žalba je neposlušnost; Njegova ruka je teška uprkos mom jadikovanju"* (Jov 23:2), i: *"Tako da je živ Bog, koji je odbacio prvo moje, i Svemogući, koji je ojadio dušu moju"* (Jov 27:2).

Jov je pokazao svoju rđavost i bezbožnost u iskušenjima opasnim po život, čak i nakon što je bio pohvaljen kao „neokaljan i čestit čovek." Ko, onda, može da tvrdi da je bezgrešan u očima Boga, koji je Sam svetlost bez imalo tame u Sebi.

U Božjim očima, svaki trag greha u vašem srcu kao što je mržnja ili zavist isto kao i grešna dela kao što su prebijanje, svađa ili krađa se smatraju za greh. O ovome nam Bog izričito govori u 1. Jovanovoj Poslanici 1:8: *"Ako kažemo da greha nemamo, sebe varamo, i istine nema u nama."*

## Prihvatanje Isusa Hrista

Bog ljubavi je poslao svog jednog i jedinog Sina Isusa na zemlju da bi nas izbavio od naših grehova. Za nas je Isus bio raspet i prolio svoju dragocenu krv koja je čista i neokaljana. On je kažnjen za naše grehove. Ipak, trećeg dana, nakon što je pobedio silu smrti On je ustao iz mrtvih. Četrdeset dana nakon Svog vaskrsnuća, Isus se u očima svojih učenika uzdigao u Raj, obećavajući da će se vratiti i odvesti nas u Raj (Dela apostolska 1).

Sada, vi ćete kao dar primiti Sveti Duh i biti označeni kao dete Božje kada verujete u put spasenja i u svom srcu prihvatite Isusa Hrista kao svog Spasitelja. Onda vi takođe dobijate pravo da postanete dete Božje kao što je i obećano u Jevanđelju po Jovanu 1:12: *„A svima koji Ga primiše dade pravo da budu deca Božja, čak i onima koji veruju u ime Njegovo."*

## Pravo da postanete dete Božje

Pretpostavimo da se rodi dete. Njegovi roditelji prijavljuju njegovo rođenje u matičnu službu i registruju ga po imenu kao svog sina. Na isti način, ako se vi ponovo rodite kao dete Božje, vaše ima se registruje u Knjizi Života u Raju i vama je dato nebesko državljanstvo.

Stoga, kada ste na prvom nivou vere, vi postajete dete Božje time što prihvatate Isusa Hrista i što su vam oprošteni grehovi (1. Jovanova Poslanica 2:12), i zovete Boga „Oče" (Poslanica

Galaćanima 4:6). Takođe, vi ste ispunjeni radošću zbog činjenice da ste primili Svetog Duha iako ne znate Božju Reč istine, i što gledanjem okoline možete da osetite postojanje Boga.

Zato, prvi nivo vere se zove „vera za primanje spasenja" ili „vera za primanje Svetog Duha", i ekvivalent je veri nezrelih/nesigurnih beba ili sena kao što je već opisano.

## 2. Da li ste primili Svetog Duha?

U Delima apostolskim 19:1-2, Pavle, apostol za nejevreje koji se posvetio propovedanju jevanđelja, sreo je neke učenike u Efesu i pitao ih: *„Jeste li primili Duha Svetog kad ste verovali?"* Na to su oni odgovorili: *„Ne mi čak nismo ni čuli da postoji Sveti Duh."* Oni su za pokajanje primili krštenje vodom koje im je dao Jovan Krstitelj, ali ne i krštenje Svetog Duha kao poklon od Boga.

Kao što je Bog obećao u Joilu 2:28 i u Delima apostolskim 2:17 da će On proliti Svoj Duh na sve ljude u zadnjim danima, obećanje je ispunjeno i ljudi koji su primili Duh Božji, Sveti Duh, osnovali su crkvu. Međutim, kao i učenici u Efesu, postoji mnogo ljudi koji tvrde da veruju u Boga ali žive bez da znaju ko je Sveti Duh i šta je Njegovo krštenje.

Ako vi prihvatanjem Isusa Hrista steknete pravo Božjeg deteta, On vam daje Sveti Duh kao poklon koji garantuje to pravo. Zato, ako vi ne znate Svetog Duha, vi ne možete biti zvani ili smatrani Božjim detetom. U 2. Korinćanima Poslanica 1:21-22 čitamo: *„A Bog je koji nas utvrdi s vama u Hristu, i pomaza nas, koji nas i zapečati, i dade zalog Duha u srca naša."*

## Primiti Svetog Duha

Dela apostolska 2:38-39 do detalja objašnjavaju kako mi možemo primiti Svetog Duha: *"Pokajte se, i da se krstite svaki od vas u ime Isusa Hrista za oproštenje greha; i primićete dar Svetog Duha. Jer je za vas obećanje i za decu vašu, i za sve daleke koje će god dozvati Gospod Bog naš."*

Svakome su oprošteni grehovi i prima dar Svetog Duha ako on ispovedi svoje grehove, pokaje se ponizno i veruje da je Isus njegov Spasitelj.

Na primer, u Delima apostolskim 10 u Ćesariji beše jedan čovek nejevrejin po imenu Kornilije. Jednog dana, apostol Petar je posetio njegovu kuću i propovedao njemu i njegovoj porodici jevanđelja o Isusu Hristu. Dok je Petar propovedao, Sveti Duh je došao u njih i oni su počeli da pričaju stranim jezicima.

Ljudi koji prihvatanjem Isusa Hrista kao njihovog Spasitelja dobiju Svetog Duha su na prvom nivou vere. Ipak, oni će jedva biti spašeni zato što još uvek nisu odbacili svoje grehove time što se bore protiv njih, ispunili Bogom-dane dužnosti ili dali slavu Ocu.

Razbojnik koji je visio na krstu pored Isusa prihvatio je Njega kao svog Spasioca, i mera njegove vere je takođe na prvom nivou vere.

## 3. Vera razbojnika koji se pokajao

Jevanđelje po Luki 23 nam govori da su dva razbojnika visila na krstovima sa obe Isusove strane. Dok je jedan ismevao Isusa, drugi je korio prvog i prihvatio Isusa kao Spasitelja tako što se pokajao za svoje grehove. On je rekao: *„Isuse, seti me se kad dođeš u carstvo Tvoje,"* (stih. 42) a Isus mu je odgovorio: *„Zaista ti kažem danas, bićeš sa Mnom u Raju"* (stih. 43).

„Raj" koji je Isus obećao razbojniku je jedan u predgrađu Neba. Tamo će ući ljudi na prvom nivou vere i ostati zauvek. Spašenim dušama u Raju nije data nikakva nagrada. Ovaj spašeni razbojnik priznao je svoje greha slušajući svoju dobru savest i bilo mu je oprošteno time što je prihvatio Isusa Hrista kao svog Spasitelja.

Međutim, on ništa nije učinio za Gospoda tokom svog života na zemlji. Zato je on dobio obećanje o Raju gde nema nagrade. Ako ljudi ne gaje svoju veru malu kao seme gorčice čak i nakon primanja Svetog Duha tako što će prihvatiti Isusa Hrista, oni će biti tek samo spašeni i živeće večno u Raju bez ikakve nagrade.

Međutim, ne smete da mislite da su samo novi vernici ili početnici u veri na prvom nivou vere. Čak i ako ste dugo vremena vodili hrišćanski život i služili kao starešina ili đakon, vi ćete dobiti sramno spasenje ako vaše delo izgori do pepela u testu vatrom.

Zato, vi morate da se molite i stremite da živite po Reči Božjoj nakon što primite Svetog Duha. Ako vi ne živite po Reči nego umesto toga nastavite da grešite, vaše ime će biti izbrisano iz Knjige Života na Nebu i vi nećete otići na Nebo.

## 4. Ne guši Svetog Duha

Postoje neki ljudi koji su jednom bili ispunjeni verom ali su postepeno u svojoj veri postali ravnodušni iz raznih razloga, i jedva primaju spasenje.

Čovek koji je bio starešina u mojoj crkvi služio je verno na mnogim crkvenim frontovima, tako da je od spolja njegova vera izgledala velika. Međutim, on se iznenada jednog dana ozbiljno razboleo. On čak nije mogao ni da govori i došao je da primi moju molitvu.

Umesto da se molim za izlečenje, ja sam se molio za njegovo spasenje. U to vreme, njegova duša je patila od velikog straha zbog borbe između anđela koji su pokušavali da ga odnesu na Nebo, i zlih duhova koji su hteli da ga odvedu u pakao. Kao prvo, da je on posedovao dovoljno vere za spasenje, zli duhovi ne bi uopšte ni dolazili da ga uzmu. Odmah sam se molio da oteram zle duhove, i molio sam se Bogu da On primi ovog čoveka. Odmah nakon molitve, on je dobio utehu i prolio suze. On se pokajao baš pre nego što je umro i bio tek jedva spašen.

Isti taj čovek je jednom ozdraveo nakon što je u prošlosti primio moju molitvu i čak se njegova žena povratila sa praga smrti u život kroz moju molitvu. Slušajući Reč života, njegova porodica koja je imala mnogo problema postala je srećna porodica. Od tada, on je izrastao u vernog Božjeg radnika kroz svoju istrajnost i bio je veran u svojim dužnostima.

Međutim, kada se crkva suočila sa iskušenjem, on nije pokušao da je štiti ili brani nego je umesto toga dozvolio da njegove misli kontroliše Satane. Reči koje su izlazile iz njegovih usta izgradile su veliki zid greha između njega i Boga. Konačno, on više nije mogao biti pod Božjom zaštitom i bio je napadnut ozbiljnom bolešću.

Kao Božji radnik, nije trebao ni da vidi ni da sluša išta što je protiv istine i Božje volje, ali umesto toga, on je hteo da sluša takve stvari i da ih širi. Bog je samo mogao da okrene Svoje lice od tog čoveka zato što je on okrenuo leđa velikoj milosti Boga koji ga je izlečio od ozbiljne bolesti. Njegove nagrade su se srušile i on više nije mogao da smogne snagu da se moli. Njegova vera je opala i na kraju je dostigla tačku gde on čak nije mogao biti siguran u spasenje.

Srećom, zato što se Bog setio njegovog ranijeg crkvenog službovanja, čovek je mogao da primi bar sramno spasenje nakon što mu je Bog dao milost da se pokaje za ono što je uradio.

Zato morate da shvatite da su Bogu, stav koji imate prema Njemu u dubini svog srca i delanje po Njegovoj volji, mnogo važniji nego godine koliko verujete. Ako redovno idete u crkvu ali pravite zid greha time što ne slušate Božju Reč, Sveti Duh u vama nestaje, vi gubite veru koja je mala kao seme gorčice (1. Solunjanima Poslanica 5:19), i vi nećete primiti spasenje.

U Poslanici Jevrejima 10:38 Bog kaže: *„A pravednik živeće od vere; ako li odstupi neće biti po volji Moje duše."* Koliko ćete vi biti jadni ako ste godinama rasli u veri samo da bi se vratili ovozemaljskom svetu! Morate da uvek budete budni da ne bi bili zavedeni ili da ne doživite opadanje vere.

## 5. Da li je Adam bio spašen?

Mnogi ljudi se pitaju šta se desilo Adamu i Evi nakon što su pojeli plod sa drveta spoznaje dobra i zla. Da li su oni mogli biti spašeni nakon što su bili prokleti i isterani iz Rajskog Vrta zbog njihove neposlušnosti?

Hajde da razmotrimo proces tokom koga je prvi čovek Adam izneverio Božju zapovest. Nakon što je Bog stvorio nebesa i zemlju, On je stvorio čoveka od prašine zemaljske po Svom liku i u Svom obliku. Kad je On u čoveka udahnuo dah života, čovek je postao živo biće. Onda je On zasadio Rajsku Baštu na istoku od Raja odvojenu od zemlje, i odveo ga tamo.

U Rajskom Vrtu gde je sve bilo lepše i bogatije nego na ijednom mestu na zemlji, Adam nije bio u oskudici i uživao je blagoslov večnog života i pravo da upravlja svim stvarima. Povrh toga, Bog mu je dao pomoćnika i blagoslovio ih da budu plodni, da bujaju i da ispune zemlju. Tako, Bog je blagoslovio Adama da živi u najboljem okruženju bez ikakvih nevolja.

Ipak, bila je jedna stvar koju je Bog zabranio. On je rekao: *„Ali s drveta od znanja dobra i zla, s njega ne jedi, jer u koji dan okusiš s njega, ti ćeš sigurno umreti"* (Postanak 2:17). Ovo ukazuje na znak Božje apsolutne vlasti i pokazuje da je On uspostavio red između Njega i ljudskog roda.

Nakon što je prošlo mnogo vremena, Adam i Eva su zapostavili Božju zapovest i pojeli plod drveta po nagovoru zmije. Oni su zgrešili i njihovi duhovi su umrli kao rezultat njihovih grehova, i na kraju su postali telesni i grešni.

Oni su morali biti oterani iz Rajskog Vrta i živeti na zemlji u središtu svih vrsta patnji kao što su bolesti, suze, jad i bol i umrli su kada je njihov životni dah prestao, kao što je Bog i rekao: *„Ti ćeš sigurno umreti."*

Da li su Adam i Eva primili spasenje i otišli na Nebo? Oni nisu poslušali Božju zapovest i zgrešili su prema Njemu. Zbog ovoga, neki ljudi polemišu: „Oni nisu spašeni zato što su zgrešili i izazvali da sve stvari budu proklete i da svi njihovi naslednici žive u patnjama." Ipak, Bog ljubavi je otvorio vrata spasenja i za njih. Njihova srca su ostala čistija i nežnija prema Bogu čak i nakon što su zgrešili, u čistoj suprotnosti sa današnjim ljudima čija srca su zaprljana raznim vrstama greha i zla u ovom poročnom svetu.

Kao rezultat njihovog greha, Adam je morao da znojeći se naporno radi, što nije bilo tako u vremenu kad je živeo u Rajskom Vrtu, a Eva je morala da pati od većih bolova prilikom porođaja nego kad je bila u Rajskom Vrtu. Obadvoje su takođe svedoci kada je jedan od njihovih sinova ubio drugog.

Kroz ove patnje i iskustva, Adam i Eva su počeli da shvataju kako dragoceni su bili blagoslovi i izobilje u kojima su uživali u Rajskom Vrtu. Žalili su za vremenom kada su živeli u ljubavi i pod zaštitom Boga. Oni su primetili u svojim srcima da sve u čemu su uživali u Rajskom Vrtu je bio blagoslov i ljubav Božja, i potpuno se pokajali zbog neposlušnosti prema Božjoj zapovesti.

Kako je mogao Bog ljubavi, koji oprašta čak i ubici kada se pokaje iz dubina svog srca, da ne primi njihovo pokajanje. U stvari, njih je stvorio svojim rukama Bog Lično i odgajani su u milosti i pažnji Božjoj dugo vremena. Kako je mogao Bog da ih pošalje u Pakao?

Bog je prihvatio pokajanje Adama i Eve i odveo ih, kroz Svoju ljubav, na put spasenja. Naravno, oni su jedva spašeni i dosegli su Raj. Ovo je zato što su se oni odrekli ljubavi Božje iako ih je On nežno voleo. Njihova neposlušnost nije bila mala stvar pošto je donela veliku bol srcu Božjem i izazvala smrt i patnju nebrojenih generacija koje su došle posle njih.

Pretpostavimo da postoji beba koja ne raste čak i posle mnogo vremena. Ako beba lepo raste, njeni otac i majka su zadovoljni. A opet, ako beba lepo jede ali ne raste, uznemirenost i brige njenih roditelja rastu iz dana u dan.

Isto tako, kad jednom primite Sveti Duh i imate veru koja je mala kao seme gorčice, vi morate da se borite da poboljšate svoju veru učeći i povinujući se Reči Božjoj. Samo onda ćete moći da dobijete šta god zatražite od Gospoda, date slavu Bogu, i napredujete prema nebeskom carstvu.

Da se ne zadovoljite činjenicom da ste spašeni i da ste primili Svetog Duha, nego da se borite da dostignete veću meru vere i uživate pravo i blagoslove kao voljena deca Božja, u ime Našeg Gospoda ja se molim!

Poglavlje 5

# Vera da pokušate da živite po Reči

1
Drugi nivo vere

2
Najteži nivo života u veri

3
Vera Izraelaca tokom Izlaska (Druga knjiga Mojsijeva)

4
Ukoliko ne verujete i povinujete se

5
Nezreli i zreli hrišćani

„Nalazim, dakle zakon, da me na zlo nagoni.
kad hoću dobro da činim.
Jer imam radost u zakonu Božijem
po unutrašnjem čoveku,
ali vidim drugi zakon u udima svojim,
koji se suproti zakonu uma mog,
i zarobljava me zakonom grehovnim
koji je u udima mojim.
Ja nesrećni čovek!
Ko će me izbaviti od tela smrti ove?
Zahvaljujem Bogu svom kroz Isusa Hrista Gospoda našeg.
Tako, dakle,
ja sam umom svojim služim zakonu Božijem
a telom zakonu grehovnom."
(Poslanica Rimljanima 7:21-25)

Kada započnete život u Hristu i primite Svetog Duha, vi postajete revnosni i usrdni u vašem životu u veri i ispunjeni radošću spasenja. Nastojite da se povinujete Reči Božjoj ako spoznate Boga i Nebo. Sveti Duh vam pomaže da pratite put istine i razumete istinu. Ako vi ne slušate Božju Reč, osećate se jadno zato što u vama Sveti Duh jeca i vi konačno shvatite šta je greh.

Na ovaj način, čak iako na početku imate veru koja vam omogućava da tek jedva budete spašeni, vi nastojite da živite po Božjoj Reči kako se vaša vera razvija. Razmotrimo u detalje kako da vi vodite svoj život u veri na ovom stupnju.

## 1. Drugi nivo vere

Kada ste spašeni tako što verujete u Isusa Hrista i nalazite se na prvom nivou vere, vi možete bez znanja počiniti grehove zato što imate ograničeno znanje o Reči Božjoj. To je isto kao što beba ne oseća sram čak i kada je gola.

Ipak, ako slušate Reč Božju i duhovno verujete da postoji život u Reči, vi revnosno hoćete da slušate Reč i da se molite Bogu. Kada vidite verom-ispunjene crkvene radnike, i vi poželite da vodite vernički život u Hristu.

Prema tome, vi se postepeno okrećete od svetovnog načina

života, odlazite u crkvu, i nastojite da slušate Reč Božju. Vi ste nekad uživali u druženju sa svetovnim prijateljima ali sada želite da pratite duhovna predavanja i druženja zato što vaše srce traži Duha.

Na drugom nivou vere, vi učite kako da kao dete Božje vodite dobar hrišćanski život kroz molitvene poruke propovednika i svedočenja braće i sestara po veri.

Prirodno, vi učite da živite kao hrišćanin. Održavate Gospodnji Dan svetim i donosite celi desetak u crkvu. Učite da ćete uvek biti radosni, molite se stalno, i u svako doba odajete zahvalnost. Učite da volite bližnjega svog kao samog sebe, i da volite čak i svoje neprijatelje. Takođe, rečeno vam je da ne treba samo da odbacite sve vrste zla kao što je mržnja, zavist, osuđivanje ili klevetanje, nego i da sličite srcu Gospodnjem. U ovom spoju, vi se odlučujete da živite po Reči.

## 2. Najteži nivo života u veri

Na ovaj način, vi ulažete sve napore da se povinujete Reči zato što znate istinu. U isto vreme, međutim, osećate se nelagodno jer nije lako uvek živeti po Reči. Vaše delo izgleda kao da je u sukobu sa vašom voljom.

U mnogim slučajevima, vi ne možete živeti po Reči zato što vam još nije dato dovoljno duhovne snage da sledite Božju Reč. Neki ljudi mogu čak uzdahnuti i jadikovati, govoreći: „Voleo bih da nikad nisam znao za crkvu."

Dozvolite mi da sa primerom pojasnim ovo. Vi želite da svaku nedelju održite Božjim svetim danom, ali možda nekad ne možete da je održite svetom zbog nekog sastanka ili društvenog okupljanja. Nekad prisustvujete jutarnjoj nedeljnoj službi ali propustite nedeljnu večernju službu. Nekad idete na svadbu vašeg prijatelja ili rođaka bez da prisustvujete službi bogosluženja u nedelju.

Vi takođe znate da trebate da date Bogu ceo desetak ali nekad ne poslušate ovu zapovest. Drugi put, osetite se puni mržnje prema drugima čak iako pokušavate da ne mrzite. Požuda se javlja kada pogledate nekog atraktivnog člana drugog pola zato što je taj element greha i zla još uvek zadržan u vašem srcu (Jevanđelje po Mateju 5:28).

Isto tako, ako ste na drugom nivou vere, vi dajete sve od sebe da se povinujete Reči Božjoj, čak iako vam snaga punog povinovanja još nije data. I pored toga, vi ulažete sve napore da oterate vaše grehove, kao što je suditi drugima, zavist, ljubomora, preljubništvo i slično, a svaki od njih je protiv Reči.

## Ne povinovati se uvek Reči

U Poslanici Rimljanima 7:21-23, apostol Pavle detaljno razmatra zašto je drugi nivo vere najteža etapa života u veri:

*Nalazim, dakle zakon, kad hoću dobro da činim, da me na zlo nagoni. Jer imam radost u zakonu Božijem po unutrašnjem čoveku, ali vidim drugi zakon u udima svojim, koji se suproti zakonu uma mog, i zarobljava me zakonom grehovnim koji je u udima mojim.*

Postoje neki hrišćani koji osećaju muku zato što znaju Reč ali se još uvek ne povinuju Božjim zapovestima. Dužnost je duhovnih vođa da ih mudro vode na put istine.

Recimo da postoji čovek koji ne može da prestane das puši ili pije. Ako ga korite govoreći mu: „Ako nastaviš da pušiš ili piješ, Bog će biti ljut na tebe," on će oklevati da dođe u crkvu i na kraju će napustiti Boga. Bolje da ste ga ohrabrili rečima: „Ti možeš lako da prestaneš da pušiš i da piješ zato što će ti Bog pomoći. Ako tvoja vera raste, biće ti lako da prestaneš. Zato, molim te stalno se moli sa verom u Boga." U ovom slučaju, vi ne treba da ga vodite da dođe pred Boga sa osećajem krivice ili strahom od kazne. Umesto toga, treba da ga vodite da dođe pred Boga sa radošću i zahvalnošću, sa svešću i sigurnošću u Boga ljubavi.

Kao drugi primer, pretpostavimo da postoji čovek koji prisustvuje samo nedeljnoj jutarnjoj službi a popodne otvara svoju radnju. Šta bi vi njemu rekli? Bolje bi bilo da ga vodite i dobronamerno savetujete, govoreći: „Bog je zadovoljan kada ti održavaš ceo Gospodnji Dan svetim. Ako održavaš ceo Gospodnji Dan svetim i moliš se za Njegove blagoslove, ti ćeš sigurno videti da te Bog obilnije blagosilja nego što možeš zaraditi time što otvaraš radnju na Gospodnji Dan."

Bez obzira na to, to ne znači da je u redu da mera nečije vere ostane nepromenjena, bez porasta. Baš kao što vidimo u razvoju deteta koje se zbog nepravilnog i nepravovremenog rasta razboli, postane invalid ili umre, i vera takve osobe vremenom slabi i on će biti veoma daleko od puta spasenja. Kako žalosno će to biti ako on ne može biti spašen!

Isus nam u Otkrivenju 3:15-16 kaže: „*Znam tvoja dela da nisi ni studen ni vruć; Želim da si studen ili vruć. Tako, budući mlak, i nisi ni studen ni vruć, izbljuvaću te iz usta Svojih.*" Bog nas obaveštava i upozorava da ne možemo biti spašeni sa mlakom verom. Ako je vaša vera hladna, Bog je sposoban da vas povede u pokajanje i spasenje stavljajući vas na iskušenja. Međutim, ako vi još uvek imate mlaku veru, nije vam lako da nađete sebe i okajete svoje grehe.

## 3. Vera Izraelaca tokom Izlaska (Druga knjiga Mojsijeva)

Kada ne uspete da živite po Reči Božjoj, vi ste skloni da jadikujete ili gunđate o svojim teškoćama umesto da ih nadvladate sa verom i radošću. Ipak, Bog ljubavi vas toleriše i stalno vas ohrabruje da živite i ostanete u istini.

Hajde da uzmemo jedan primer. Izraelci su bili porobljeni oko 400 godina u Egiptu. Oni su otišli otuda pod vođstvom Mojsija i mnogo puta videli moćna dela Božja dok su pešačili prema zemlji Hanajskoj.

Oni su svedoci kada se Deset pošasti nadvilo nad Egiptom, kada se voda Crvenog mora razdvojila na pola; i kad se gorka voda Mere promenila u slatku, pijaću vodu. Oni su takođe jeli manu i prepelice koje su padale sa Neba dok su prolazili kroz Pustinju Greha. Oni su bili svedoci dela Božje čudesne moći na takav način.

Ipak, oni su se radije žalili i prigovarali nego da se mole sa verom kad god su se susretali sa nevoljama. Pa ipak, Bog bogat ljubavlju je imao milosti da ostane sa njima i vodi ih danju i noću sve dok nisu stigli do Obećane Zemlje.

### Nezadovoljni i ojađeni ljudi

Zašto su Izraelci nastavili sa mumlanjem i gunđanjem kad god su se susreli sa iskušenjima i teškoćama? To nije bilo zbog same situacije, već zbog njihove vere. Da su imali iskrenu veru, oni bi u svojim srcima uživali u Hananu, Obećanoj zemlji, mada su u stvarnosti bili u pustoši.

Drugim rečima, da su verovali da će ih Bog stvarno odvesti u zemlju Hanan, oni bi stigli tamo i prevazišli bi sve vrste teškoća, bez da osećaju tugu ili bol bez obzira sa kakvim teškoćama su se sreli u pustinji.

U zavisnosti od vere i stava koji ljudi imaju, njihova reakcija može biti drugačija čak i u istom okruženju ili situaciji. Neki u teškoćama osećaju tugu; drugi je prihvataju sa osećanjem dužnosti; drugi neki, pak, nalaze volju Božju u sred tih poteškoća i povinuju joj se sa radošću i zahvalnošću.

Kako možete da vodite život u Hristu ispunjen zahvalnostima a da se ne žalite? Dozvolite mi da sa primerom objasnim ovo. Pretpostavimo da živite u Seulu i da imate velike finansijske poteškoće.

Jednog dana, neko dolazi kod vas i kaže vam: „Ima parče dijamanta veličine fudbalske lopte zakopano na nekoj plaži u Pusanu, nekih 266 milja jugoistočno od Seula. Tvoje je ako ga nađeš. Možeš da pešačiš ili trčiš do obale, ali ne smeš da bi stigao tamo da voziš kola, uzmeš autobus, ili voz ili avion."

Kako bi reagovali? Vi nikada nećete da kažete: „U redu. Dijamant je moj zato što mi ga je on dao, tako da ću da idem sledeće godine da ga uzmem" ili „Ići ću tamo sledećeg meseca zato što sam ovih dana zauzet." Vi ćete zasigurno požuriti da krenete da trčite od momenta kada ste čuli tu vest od njega.

Kada ljudi čuju ovu vest, većina će ih najkraćom prečicom otrčati ka Pusanu da uzme vredni dijamant što je pre moguće. Niko neće odustati na putu za Pusan bez obzira na bol u nogama ili iscrpljenost. Umesto toga, vi ćete šprintati da dobijete vredni dijamant sa radošću i zahvalnošću bez žalbi na bol u nogama.

Na isti način, ako imate sigurnu nadu za večno i prelepo nebesko kraljevstvo i nepromenjenu veru, vi možete da bez žaljenja trčite u trci vere pod svim okolnostima dok ne stignete u Raj.

### Pokorni ljudi

Ako se povinujete Reči Božjoj, ne osećate bol ili muku u vašem hrišćanskom životu već imate zadovoljstvo i radost. Ako osećate uznemirenost u vašem životu u veri, to svedoči vašoj nepokornosti ka Reči Božjoj i zastranjivanju od Njegove volje.

Evo jedne alegorije. U starim vremenima, konji su služili da nose teret. Konje su često šibali iako su radili za njihove gospodare. Oni nisu morali da budu šibani ako su slušali svog gospodara, ali ako su, ne slušajući vlasnike, radili po svome, onda nisu mogli izbeći surovo šibanje.

Tako je isto i sa ljudima koji ne slušaju Reč Božju. Takvi ljudi rade po svome i čine da Gospodar jeca. S vremena na vreme njih išibaju. Nasuprot tome, ljudi koji se povinuju Reči Božjoj, govoreći: „Bože reci mi. Ja ću samo tebe slediti," vode miran i lagodan život.

Na primer, Bog nam zapoveda: „Ne kradi." Kada slušate tu komandu, osećate se mirnim. Međutim, kada je ne slušate, osećate se nemirnim zato što imate želju za krađom. Veoma je prirodno da dete Božje odbaci šta god mu Bog naredi da odbaci. Ako ne odbaci, on oseća bol u svom srcu.

Zato u Jevanđelju po Mateju 7:13-14, Isus govori: *„Uđite na uska vrata; jer su široka vrata i širok put što vode u propast, i mnogo ih ima koji njim idu. Kao što su uska vrata i tesan put što vode u život, i malo ih je koji ga nalaze."*

Početnici u veri smatraju da je teško i mukotrpno da slušaju Reč Božju, kao što je i pokušaj da se uđe kroz usku kapiju. Ipak, oni postepeno shvataju da je to put ka Nebu i istinski i srećan put.

## 4. Ukoliko ne verujete i povinujete se

Vi ste verovatno mnogo puta čuli sledeće stihove iz 1. Solunjanima Poslanica 5: *„Radujte se svagda. Molite se Bogu bez prestanka; na svačemu zahvaljujte; jer je ovo volja Božija za vas u Hristu Isusu"* (stihovi. 16-18).

Da li vi izgubite radost kada vam se desi nešto tužno? Namrgodite li se kada vam neko zadaje brige? Da li ste puni nervoze i briga kad ste u finansijskim poteškoćama ili kad vas neko tuži?

Neki možda misle da je licemerno biti radostan i zahvalan čak i u teškim vremenima. Oni mogu da pitaju: „Zašto bih se zahvaljivao kada nema ničeg na čemu treba biti zahvalan?" Oni takođe znaju da trebaju da budu strpljivi, ali postanu uznemireni ili plahoviti kada se suoče sa nepodnošljivim situacijama.

Oni vrše preljubu u svom srcu kada pogledaju u atraktivnu

ženu zato što još uvek nisu izbacili požudu iz srca. Ove stvari potvrđuju da takvi ljudi nisu oterali svoje grehove tako što se bore protiv njih i ne povinuju se Reči.

## Vi ne čujete glas Svetog Duha

Ako vi u velikoj meri znate Božju Reč ali joj se ne povinujete, ne možete čuti glas Svetog Duha niti vas On može voditi zato što ste napravili zid greha između Boga i vas. Međutim, čak i početnik u veri može da čuje Njegov glas i biti vođen od Njega ako se povinuje Reči Božjoj. Baš kao što malo dete ne mora ni o čemu da brine kada sluša roditelje, Bog Lično je zadovoljan vama i vodi vas kada Mu se povinujete čak i sa malo vere.

Evo jednog primera. Roditelju brinu o svom detetu u svakom pogledu. Međutim, oni ne moraju sa mnogo pažnje da brinu o njemu kada ono odraste tako da može samo da hoda i hrani se. Oni više ne moraju da ga tretiraju kao detence kada on dostigne godine da krene u osnovnu školu. Ipak, roditelji će osećati bol i ljutnju ako dete ne nosi cipele kako treba ili ne radi stvari koje sam treba da radi.

Na isti način, ako ste vodili hrišćanski život dovoljno dugo da postanete vođa ili radnik u svojoj crkvi, vi treba da se povinujete Božjoj Reči. Ako vi slušate Njegovu Reč a nastavite da živite hrišćanskim životom koji podseća na onaj od malog deteta i nastavite da gradite zid grehova prema Boga, Njegov sud će vas sustići.

U takvom slučaju, vi nećete moći da primite odgovore od Boga čak iako Mu se molite. Vi nećete moći da gajite dobar plod u vašem životu i da primite zaštitu od Boga. Vi nećete napredovati nego naprotiv susretaće te se sa nevoljama. Morate da živite bolan i tegoban život ispunjen nervozom i brigama.

### Vi ne dobijate ni Božje odgovore ni Njegovu zaštitu

Ako ste na drugom nivou vere, vi dobro znate šta je greh i da morate da odbacite zlo i neistinu iz vas. Ako ih niste odbacili nego ih još imate na pameti, kako možete da, bez srama, dođete svetom Bogu koji je sama svetlost. Vaš neprijatelj Satana i đavo vam prilazi i prouzrokuje da sumnjate u Boga i na kraju vas zavodi da se vratite ovozemaljskom svetu.

Bio je jedan starešina u mojoj crkvi koji se okušao u različitim poslovima, pitajući se: „Šta treba da uradim za mog pastira?"

Ipak, on nije bio toliko uspešan zato što je bio fizički veran ali nije od greha očistio srce, što je najvažnija stvar. On je osramotio Boga time što nije pratio pravi put zbog njegovih telesnih misli i njegovog srca koje je često tražilo svoje zadovoljstvo. On je takođe iznosio nečasne opaske, ljutio se na druge ljude, i u mnogim aspektima pokazao neposlušnost Božjoj Reči.

Šta više, da se njegovi finansijski i međuljudski problemi nisu nastavili, on se ne bi pridržavao vere, već bi je ugrozio nepravednošću. Na kraju, zato što je nivo nazadovanja u njegovoj veri mogao da dovede do gubitka svih nagrada koje je do tada zaslužio, Bog je u najboljem trenutku pozvao njegovu dušu.

Zato morate da shvatite da najznačajnija stvar nisu fizička vernost i titule koje daje crkva, već je to da oterate sve vaše grehe dok živite po Reči Božjoj.

## 5. Nezreli i zreli hrišćani

Ako ste na prvom nivou vere, vi ne osećate uznemirenost i ne čujete jecaj Svetog Duha čak iako činite grehove. To je zbog toga što još ne možete da odvojite istinu od neistine i ne možete da shvatite da činite greh čak iako ga upravo činite. Bog ne može da vas osuđuje tako strogo kada činite grehove jer ne možete da odvojite istinu od neistine zbog nedostatka znanja o Reči Božjoj. To je isto kao kada bebu ne možete kriviti čak i kada prevrne čašu vode ili polomi fini porcelan dok puzi po podu. Umesto toga, njegovi roditelji ili drugi članovi porodice okrivljuju ne bebu već svoju sopstvenu nemarnost.

Ipak, ako dostignete drugi nivo vere, vi ćete moći da čujete jecaj Svetog Duha u vama, i osećaćete zabrinutost kada činite grehove. Ipak, vi ne možete da razumete svaku Reč Božju zato što ste u duši kao malo dete, i nije lako da se sami povinujete Reči. Zato su ljudi u prvom i drugom nivou vere nazvani: „Hrišćani hranjeni mlekom."

### Hrišćani hranjeni mlekom

Apostol Pavle piše u 1. Poslanici Korinćanima 3:1-3 sledeće:

*I ja, braćo, ne mogoh s vama govoriti kao s duhovnima nego kao s telesnima, kao s malom decom u Hristu. Mlekom vas napojih a ne jelom; jer još ne mogaste. I ni sad još ne možete, jer ste još telesni. Jer gde su među vama zavisti i svađe i nesloge, niste li telesni, i ne živite li po čoveku?*

Ako prihvatite Isusa Hrista, vi dobijate pravo da postanete dete Božje i vaše ime je zapisano u Knjigu Života u Raju. Međutim, prema vama se postupa kao prema malom detetu u Hristu zato što još niste potpuno povratili izgubljenu sliku Boga. Iz ovog razloga, o onima koji su u prvom i drugom nivou vere treba voditi dobro računa. Njih treba naučiti Reči Božjoj i ohrabriti da žive po njoj kao kad bi bebu hranili mlekom.

Zato su ljudi u prvom i drugom nivou vere nazvani: „Hrišćani hranjeni mlekom." Ako njihova vera raste, i samostalno počnu da razumeju i povinuju se Reči Božjoj, oni se zovu: „Hrišćani hranjeni čvrstom hranom."

Dakle, ako ste Hrišćanin hranjen mlekom – u prvom ili drugom nivou vere – treba da date sve od sebe da postanete Hrišćanin hranjen čvrstom hranom. Međutim, morate da zapamtite da ne možete silom da vodite život Hrišćanina hranjenog mlekom do nivoa onog koji je hranjen čvrstom hranom. Ako to učinite, vi ćete patiti od lošeg varenja baš kao i kad je odojče hranjeno čvrstom hranom, ono će imati probleme sa varenjem.

Zato treba da budete mudri kada brinete o svom supružniku, detetu, ili bilo kom ko ima malo vere. Prvo treba da se stavite na njihovo mesto i vodite ih da porastu u veri tako što ćete ih učiti o živom Bogu, umesto da ih krivite i korite zbog njihove vere koja je mala i koja je proizvod njihovog tvrdoglavog srca ili nepokornih dela.

Bog ne kažnjava ljude na prvom ili drugom nivou vere čak iako oni ne održavaju Gospodnji Dan svetim ili ne žive potpuno po Reči. Umesto toga, On razume njihovu situaciju i vodi ih sa ljubavlju. Na ovaj način, mi bi trebali da razaznamo meru naše vere podjednako kao i veru drugih i mislimo mudro shodno sa merom vere.

## Hrišćani koji jedu čvrstu hranu

Ako stremite da vodite dobar hrišćanski život čak iako ste na prvom ili drugom nivou vere, Bog vas štiti od mnogih problema i iskušenja. Bez obzira na to, vi ne treba da se zaustavite na meri drugog nivoa vere bez da pokušate da dalje poboljšavate vašu veru. Baš kao što su i roditelji zabrinuti kada njihova deca ne rastu dobro i pravilno, a potpuno su zadovoljni kad im deca dobro rastu, i dete Božje mora uporno da neguje svoju veru kroz Reč i molitvu.

Sa jedne strane, pak, u najprikladnije vreme Bog vas stavlja pred poteškoće kako bi vas On odveo do trećeg nivoa vere. On vas blagoslovi ne samo rastom vaše vere već i mnogim drugim stvarima. Što veća je poteškoća koju prelazite, veći je blagoslov Božji.

Sa druge strane, ako vi treba da budete na trećem nivou vere ali živite život koji se očekuje od nekog na prvom ili drugom nivou vere, Bog će vam dati disciplinska iskušenja umesto testa blagoslova.

Pretpostavimo da postoji dete kome nedostaju hranljive materije zato što nastavlja da pije samo mleko bez da uzima i druge hranljive materije. Ako insistira na mleku, ono može da postane bolesno zbog loše ishrane ili čak i umre. U ovakvoj situaciji, roditelji naravno čine sve da nahranili svoje dete hranljivim jelom.

Na isti način, kada Božja deca znaju za Njegovu Reč ali idu

putem smrti bez pokoravanja Reči, Bog- koji kroz Svog Sina Isusa Hrista želi da stekne iskrenu decu- dozvoljava im iskušenja slomljenog srca pred optužbama Sataninim.

Bog se ophodi prema svojoj deci kao što se navodi: *„Jer koga ljubi Gospod onog i kara; a bije svakog sina kog prima. Ako trpite karanje, kao sinovima pokazuje vam se Bog: jer koji je sin kog otac ne kara?"* (Poslanica Jevrejima 12:6-7)

Ako je dete Božje počinilo grehove i On ga ne kazni, to svedoči da je ta osoba mnogo udaljena od Božje ljubavi. To će biti tragedija nad tragedijama za njega da upadne u Pakao zato što ga Bog više ne prihvata kao Svog sina.

Zato, ako Božja kaznena iskušenja dođu nad vama kada počinite greh, morate da se setite da je to dokaz Njegove ljubavi i duboko se pokajete nad vašim grehovima. Suprotno, ako vas Bog ne kazni čak iako ste počinili grehove, onda bi bez odustajanja trebalo da pokušate da se pokajete u vašim grehovima i dobijete oproštaj.

Vama mogu biti oprošteni grehovi kada se kajete zbog njih ne samo vašim usnama već i kada napustite put grehova. Iskreno kajanje sa suzama nije izvršeno samo vašom voljom već milošću Božjom. Zato morate iskreno tražiti od Boga da vam On da milost pokajanja sa suzama. Ako Njegova milost dođe na vas, vi ćete se kajati u suzama i slinavi, a kajanje koje razdire vaše srce će izaći.

Samo onda će zid grehova prema Bogu biti uništen i vaše će srce biti osveženo i svetlo. Vi ćete biti ispunjeni Svetim Duhom i preplavljeni radošću i zahvalnostima, i ovo je dokaz da ste povratili ljubav Božju.

Ako treba da budete na trećem nivou vere ali se ponašate i živite na način koji dolikuje onima na drugom nivou vere, prilično je teško da vam odozgo bude data takva vera kojom možete rešiti svoje probleme. Kada Bogom dana vera ne dođe do vas, nemoguće je da vaše bolesti budu izlečene vašom verom pa možete da završite tako što ćete se osloniti na svetovne metode. Međutim, ako potpuno okajete svoje grehove sa suzama i okrenete se od puta grehova, vi ćete ubrzo povratiti treći nivo vere.

Ako ste razumeli ovaj princip rasta vere, ne bi trebali da budete zadovoljni sa postojećim nivoom vere. Baš kao što dete raste da bi pošlo u osnovnu školu, onda u srednju školu, visoku, fakultet i tako dalje, vi morate da date sve od sebe da usavršavate vašu veru sve dok ne dostignete najveći nivo vere.

Ako ste na drugom nivou vere, vaša vera brzo raste sa ispunjenjem Svetim Duhom jer vaša vera, čak iako je mala kao seme gorčice, već je posađena i počela je da klija. Drugim rečima, vaša vera dovoljno narasta da se povinujete Reči Božjoj pošto se naoružate Njegovom Rečju revnosno slušajući Reč, posećujući svako bogosluženje, i neprestano se moleći.

Da ne skladištite samo Reč Božju kao golo znanje već da joj se i povinujete sve do tačke prolivanja svoje krvi i dostignete veću veru, u ime našeg Gospoda ja se molim!

Poglavlje 6

# Vera da živite po Reči

1
Treći nivo vere
2
Dok ne dostignemo kamen vere
3
Borba protiv greha sve do tačke prolivanja krvi

*„Svaki dakle koji sluša ove moje reči*
*i izvršuje ih,*
*kazaću da je kao mudar čovek*
*koji sazida kuću svoju na kamenu.*
*I udari dažd, i dođoše vode,*
*i dunuše vetrovi i napadoše na kuću onu;*
*i ne pade,*
*jer beše utvrđena na kamenu."*
(Jevanđelje po Mateju 7:24-25)

Različiti ljudi imaju različitu meru vere. Vera je poklon od Boga koji vam je dat u obimu u kome vi izvršavate istinu u vašim srcima. Kada se vaša vera znanja promeni u veru Bogom datu, vi možete dobiti odgovore od Njega.

Kao što sam napomenuo u ranijim poglavljima, kada se kaže da ste na prvom nivou vere kako bi dobili spasenje, vi dobijate Svetog Duha i vaše ime je zapisano u Knjigu Života u Raju. Onda, vi počinjete da formirate odnos sa Bogom i zovete ga: „Bože moj Oče."

Dalje, vaša vera će da raste i vi ćete uživati u slušanju Reči Božje ispunjeni Svetim Duhom, i pokušaćete da joj se povinujete kao što vam je rečeno. Međutim, vi se ne povinujete čitavoj Njegovoj Reči. Vi osećate teškoću prema Reči Božjoj i ne dobijate svaki odgovor. U ovoj etapi, kaže se da ste na drugom nivou vere.

Kako možete da dostignete sledeći-treći-nivo vere na kojem možete da živite po Reči? Kakav Hrišćanski život ćete voditi na trećem nivou vere?

## 1. Treći nivo vere

Kada neko prihvati Gospoda i primi Svetog Duha, u njegovom srcu je posađeno seme vere koje je malo kao seme gorčice. Ako se ovo seme razvije, ono dostiže nivo vere u kome vi pokušavate da se povinujete Reči a onda dostiže viši nivo na kome se vi povinujete.

Na početku, vi se ne povinujete mnogo Reči čak iako je slušate, alo kako vaša vera raste, vi možete dublje da je razumete i povinujete joj se više. Iz ovog razloga, „vera da se povinujete" se takođe naziva „vera koja vam omogućava da razumete."

Razumeti Reč je različito od skladištenja Reči kao znanja. To jest, silno pokušavanje da se povinujete Reči zato što znate da je Biblija Reč Božja je prilično drugačije od povinovanja Reči samovoljno i spremno zato što razumete zašto treba da joj se povinujete.

### Povinovati se Reči kroz razumevanje

Evo jednog primera. Pretpostavimo da ste slušali poruku koja je propovedana kao što sledi: „Ako održavate dan Gospodnji svetim i dajete ceo desetak na dar, Bog će otkloniti sve vrste nevolja i iskušenja iz vas. On će vas izlečiti od sve vrste bolesti. On će blagosloviti vašu dušu i daće vam finansijski blagoslov."

Ako mislite da znate Reč nakon što ste saslušali poruku ali ne razumete je u vašem srcu, vi se nećete uvek povinovati Reči u vašem svakodnevnom životu. Vi ćete možda pokušati da se povinujete Reči, misleći: „Da, ovo se čini dobrim," i ponekad se povinovati zapovesti, ali u drugim prilikama nećete se povinovati u zavisnosti od situacije. Ovaj ciklus može da se ponavlja sve dok ne dostignete savršenu veru u Reč.

Međutim, ako dođete do toga da razumete Reč i verujete u nju u vašem srcu, vi ćete držati Božji dan svetim, davaćete sav desetak, i nećete iči u kompromis u bilo kojim teškim okolnostima.

Na primer, recimo da direktor kompanije kaže svim svojim zaposlenim: „Ako neko od vas radi noću, ja ću platiti svakome od vas prekovremeni rad i unaprediti vas." Ako je izbor za prekovremeni rad na svakom zaposlenom, šta bi zaposleni uradili ako veruju direktorovom obećanju? Oni će svakako raditi preko noći ukoliko nemaju neki specijalan razlog da ne rade. Uopšteno, treba da prođe nekoliko godina do unapređenja u jednoj kompaniji i treba mnogo truda da se prođe test za unapređenje. Uzimajući u obzir sve ove činjenice, nijedan zaposleni u toj kompaniji neće oklevati da radi prekovremeno jednu noć, mesec dana ili čak duže.

Isto je i sa Božjom zapovesti da se održava dan gospodnji svetim i da se daje desetak. Ako u potpunosti verujete u obećanje Božje o održavanju dana Gospodnjeg svetim i davanju desetka, šta bi ste uradili?

### Vaša pokornost donosi vam blagoslove

Kada držite dan Gospodnji svetim, vi priznate Gospodnju vrhovnu vlast. Vi prepoznajete da Bog jeste Gospodar duhovnog carstva. Zbog toga vas te sedmice Bog štiti od svih vrsta nevolja i nesreća, i blagoslovi da vaša duša bude dobro ako održavate dan Gospodnji svetim. Vi takođe priznajete suverinitet Božji kroz davanje desetka, zato što prihvatate da sve stvari na nebesima i na zemlji pripadaju Bogu.

Pošto je Bog stvoritelj svih stvari, sam život potiče od Boga, i snaga kojom činite napore i dajete sve od sebe takođe potiče od

Njega. Drugim rečima, sve stvari pripadaju Bogu. Po ovom principu, sav vaš prihod je Božji, ali On vam dozvoljava da Mu date deseti deo toga a da ostalo koristite za sebe.

Malahija 3:8-9 nas podseća: „*Eda li će čovek zakidati Boga? A vi mene zakidate! I govorite: 'U čem Te zakidamo?' U desetku i u prinosu. Prokleti ste, jer me zakidate, vi, sav narod.*"

Sa jedne strane, vi ste pod kletvom ako počinite ozbiljan greh krađom Božjeg desetka. Sa druge strane, ako date ceo desetak Bogu u pokoravanju Njegovoj zapovesti, vi ćete biti uvek pod Njegovom zaštitom i dobićete blagoslove dobre mere, nabijene, stresene i prepune (Jevanđelje po Luki 6:38).

## Ispravno razumevanje donosi pokornost

Samo kada razumete pravo značenje Reči što ide dalje od toga da je jednostavno čuvate kao znanje, možete da joj se povinujete i dobijete blagoslove Božje koji vas nagrađuje shodno sa onim šta ste učinili. Ako ne razumete prava značenja Reči, međutim, vi nećete potpuno moći da joj se povinujete čak iako to pokušate, zato što je držite i smatrate samo kao znanje u vašem mozgu.

Prema tome, vi morate da se trudite da rastete u veri. Beba će umreti ako se ničim ne hrani. Ona mora redovno da se hrani, da pomera ruke i noge, da vidi, čuje, i da uči od svojih roditelja ili drugih. U ovom procesu, bebino znanje i razum se razvijaju i ona raste i sazreva dobro i pravilno.

Slično i vernici moraju ne samo da slušaju Reč Božju, nego i da pokušaju da shvate njeno pravo značenje. Kada se molite da se pokorite Reči Božjoj, vi ćete moći da razumete njeno značenje i dostignete snagu da joj se pokorite.

Na primer, Bog govori u 1. Knjizi Solunjanima 5:16-18: *"Radujte se svagda; molite se Bogu bez prestanka; na svačemu zahvaljujte; jer je ovo volja Božija za vas u Hristu Isusu."* Ljudi na drugom nivou vere su, sa osećajem dužnosti, spremni da se mole, zahvaljuju i budu radosni jer je to zapovest Božja. Ipak, oni Mu se ne zahvaljuju kada se ne osećaju zahvalnima, ili nisu radosni kada se suočavaju sa teškim situacijama zato što pokušavaju da se povinuju Reči samo sa osećanjem dužnosti.

Ljudi na trećem nivou vere, pak, mogu da se povinuju Reči zato što stoje na kamenu vere. Oni razumeju zašto treba da su zahvalni svakog časa, zašto moraju revnosno da se mole i budu uvek radosni. Oni su stoga uvek radosni i zahvalni iz dubine svojih srca i mole se neprestano pod svim okolnostima.

Onda, zašto vam Bog zapoveda da uvek budete radosni? Koje je pravo značenje ove zapovesti? Ako ste radosni samo kad vam se nešto radosno i srećno desi a niste radosni kada se suočite sa nevoljama i brigama, vi niste ništa bolji od svetovnih ljudi koji ne veruju u Boga.

Ovi ljudi teže ka zemaljskim stvarima zato što ne znaju odakle ljudska bića potiču i kuda idu. Zato su oni radosni samo onda kada je njihov život ispunjen prijatnim i srećnim događajima ili razlozima. Inače, obuzeti su i prepuni brigama, nespokojstvom, tugom ili bolom koja dolazi od sveta.

Vernici, pak, mogu živeti totalno drugačije od ovakvih ljudi zato što imaju nadu u Raj. Mi kao vernici ne moramo da brinemo ili da budemo nespokojni zato što naš istiniti Otac je Bog koji je stvorio nebesa i zemlju i vlada nad svim stvarima i nad ljudskom istorijom. Zašto treba da brinemo ili da strepimo? Šta više, pošto ćemo da uživamo u večnom životu u kraljevstvu Nebeskom kroz Isusa Hrista, nemamo drugog izbora no da budemo radosni.

### Vera da se povinujemo Reči

Ako razumete Reč Božju iz dubina vašeg srca, možete biti radosni čak i u vremenima kada ne možete biti radosni, možete zahvaljivati u svakom trenutku čak iako vam je teško da se zahvalite, i molite se čak i u vremenima kad niste u mogućnosti da naterate sebe na molitvu. Samo onda će vaš neprijatelj đavo otići od vas, nevolje i muke će vas napustiti, i sve vrste problema će se razrešiti zato što je Svemogući Bog sa vama.

Ako tvrdite da verujete u Svemogućeg Boga ali još ste zabrinuti ili ste preko volje radosni kada se suočite sa problemom, vi ste na drugom nivou vere.

Međutim, ako ste preobraćeni da razumete Reč Božju istinski i budete zahvalni i radosni iz srca, vi ste na trećem nivou vere. Sledeće se dešava kada ste na trećem nivou vere: onoliko koliko se trudite da volite i služite drugima, mržnja će nestati i vaše će srce, malo po malo, postati ispunjeno duhovnom ljubavlju da volite vaše neprijatelje. To je zato što vi sada razumete iz srca ljubav Gospoda koji je uzeo hrapav krst za grešnike.

Isusa su razapeli, vređali i loše postupali prema njemu poročni grešnici iako je On radio samo dobro i bio besprekoran. On nije mrzeo one koji su Ga razapeli, vređali ili ismevali, već se molio Bogu da im možda bude oprošteno. Na kraju, On je dokazao Svoju veliku ljubav time što je predao Svoj život zbog njih.

Vi ste možda mrzeli one koji su vas povredili ili klevetali vas bez ikakvog razloga pre nego što ste razumeli veliku ljubav Isusa vašeg Gospoda. Međutim, vi možda sada mrzite njihove grehove ali ne i njih. Pored toga, vi ne zavidite onima koji rade napornije ili su više hvaljeni nego vi, već se umesto toga radujete zbog njih i više ih volite u Hristu. Možda ste sumnjali u Reč Božju ili je ocenjivali shodno sa vašim mišljenjem kada ste je prvi put čuli, ali sada ste prihvatili Reč sa radošću bez sumnji ili osuđivanja. Na trećem nivou vere, vi se povinujete Reči Božjoj zapovest za zapovešću.

## Božje nagrade iziskuju veru praćenu delima

Pre nego što sam upoznao Boga, sedam godina sam patio od raznih bolesti i dobio sam nadimak: „Skladište bolesti." Uložio sam mnogo napora da se izlečim, ali sve je bilo uzalud i bolesti su svakim danom bile sve gore i gore. Izgledalo je nemoguće izlečiti ih medicinskom naukom i ja nisam više mogao ništa drugo da radim osim da čekam smrt.

Jednog dana, bio sam trenutno izlečen moći Božjom i povratio sam svoje zdravlje. Kroz ovo prelepo iskustvo, spoznao sam živog Boga i od tada Mu potpuno verujem bez sumnji i potpuno zavisim od Reči iz Biblije. Povinovao sam se bezuslovno svakoj Reči Božjoj. Bio sam radostan sve vreme bez obzira na poteškoće, i odavao sam hvalu u svakoj teškoj situaciji zato što mi je to Bog rekao da radim u Bibliji.

Bilo je moje najveće zadovoljstvo da posećujem bogosluženja i molim se Bogu nedeljom; ja sam čak odustao i od mogućnosti da radim na veoma dobrom poslu i počeo sam da radim na gradilištu zato što sam bio odlučan da održavam Gospodnji Dan svetim.

Ipak, bio sam veoma zahvalan i radostan zbog činjenice da je Bog moj Otac. On je došao k meni dok sam čekao smrt zbog raznih ozbiljnih bolesti, i ja sam bio veoma zahvalan zbog Njegove neverovatne milosti. Nastavio sam da se molim i postim kako bi potpuno živeo po Reči Božjoj. Onda jednog dana, čuo sam glas Božji kako me zove kao Svog slugu. Poslušnog srca odlučio sam da postanem Njegov dobar sluga i danas Mu služim kao pastor.

Zahvalan sam Bogu mom Ocu iz dubine moga srca bilo da klečim dole i molim Mu se, šetam ulicom ili pričam sa nekim. Na isti način, ja sam uvek radostan iz dubine moga srca. Brige i nevolje će biti pred svakim, a kao pastor starešina crkve od 120.000 članova, ja imam dosta posla i odgovornosti. Moram da naučim i uvežbam mnogo slugu i sveštenika Božjih kako bi ispunio Bogom dati zadatak i ispunio svetsku misiju vodeći nebrojani mnogo ljudi ka Gospodu. Đavo smišlja sve vrste trikova da omete ostvarenje Božjih planova, i donosi mnoge vrste poteškoća i iskušenja. Mnoge stvari za žaljenje, preklinjanje i brigu su me uznemiravale i ponavljale se, i mogao sam da pokleknem da su me nadvladale ili da me je strah obuzeo.

Ipak, nikada me nisu pokorile ili pobedile brige i strepnje jer sam jasno razumeo Božju volju. Davao sam hvalu Njemu i molio se radosno koliko god da su bila moja iskušenja i brige, pa je Bog uvek radio za dobro u svemu i još više me blagoslovio.

## 2. Dok ne dostignemo kamen vere

Gledanje stvari bez vere kroz sočivo straha i nemira će samo povrediti vaš duh i oštetiti vaše zdravlje. Ako razumete duhovno značenje Reči Božje koja nam govori: *„Radujte se svagda; molite se Bogu bez prestanka; na svačemu zahvaljujte; jer je ovo volja Božija u Hristu Isusu od vas,"* vi možete da se od srca zahvalite u svakoj situaciji (1. Poslanica Solunjanima 5:16-18).

To je zbog toga što čvrsto verujete da je to način da udovoljite Bogu, volite Ga i primite odgovore od Njega. Pored toga, to je ključ da rešite vaše probleme, dobijete Njegove blagoslove, i isterate svog neprijatelja Satanu i đavola. Pretpostavimo da postoje neka žena i njena snaja koje nisu u dobrim međusobnim odnosima. One znaju da treba da vole jedna drugu i održavaju mir među sobom. Ipak, šta će se desiti ako se one okrivljuju ili gunđaju jedna protiv druge? Ni jedan problem između njih ne može biti rešen.

Sa jedne strane, ako svekrva ogovara svoju snaju pred drugim članovima porodice i komšijama i ako snaja priča loše pred drugima o svojoj svekrvi, prepirke i konflikti neće prestati i neće biti mira u kući.

Sa druge strane, šta će im se desiti ako se one pokaju zbog svojih loših postupaka, razumeju jedna drugu tako što se stavljaju jedna na mesto one druge, oproste i vole jedna drugu? Biće mira u kući. Svekrva će lepo pričati o snaji bez obzira da li je snaja prisutna ili ne, a snaja će zauzvrat hvaliti i poštovati svekrvu od srca. Kako će one imati odnos pun ljubavi i miran! Ovo je pravi način da vas i Bog voli.

## Početna faza trećeg nivoa vere

Razlog zbog čega su neki nesposobni da se povinuju Reči čak i kad znaju da je istinita je zato što oni imaju puno neistine preostale u njihovim srcima, a ta neistina, koja je protiv Volje Božje, gasi želju za Svetim Duhom. Tako, kada uđete u početnu fazu trećeg nivoa vere, vi počinjete da se borite protiv grehova do tačke prolivanja svoje krvi (Poslanica Jevrejima 12:4).

Kako bi odbacili svoje grehove, morate stremiti tako što ćete se usrdno moliti uz post kao što nam je Isus rekao: *„Ovaj se rod ničim ne može isterati do molitvom"* (Jevanđelje po Marku 9:29). Samo tada ćete dobiti dovoljno snage i milosti od Boga da živite po Reči Božjoj. Isto tako, ako ste na trećem nivou vere, vi ćete željno čekati da odbacite ono što vam Bog kaže da odbacite, i činite ono što vam On kaže da činite kao što Biblija zapoveda.

Da li ovo znači da svako ko drži Božji Dan svetim i daje darove u desetku ima treći nivo vere? Ne, to nije slučaj. Neki ljudi mogu da prisustvuju nedeljnoj službi i daju darove u desetku sa licemernim stavom – oni možda to rade samo zato što se plaše suda i nevolja koje će nastati ako ne slušaju ove zapovesti, ili zato što oni hoće da službenici i sluge Božje govore lepo o njima. Ako obožavate Boga u duhu i istini, Njegova Reč ima ukus slađi od meda.

Međutim, ako preko volje prisustvujete bogosluženju, obavezno osećate dosadu od poruke i mislite u sebi: „Samo kad bi se ova služba brzo završila..." Ovo je zato što, čak iako je vaše telo u hramu Božjem, vaše srce je na drugom mestu.

Ako prisustvujete bogosluženju ali dozvolite svom srcu da leti prema svetu, neće se smatrati da ste održavali Dan Božji svetim zato što Bog ispituje srce obožavalaca. U ovom slučaju, vi ste još uvek na drugom nivou vere čak iako dajete ceo desetak.

Mera vere biće drukčija od osobe do osobe čak iako su oni možda na istom nivou vere. Ako je perfektna mera vere svakog nivoa na 100%, vaša vera postepeno raste od mere od 1% do mere od 10%, 20%, 50% i tako dalje, do 100% na svakom nivou vere. Ako vaša vera naraste do mere od 100%, ona prerasta nivo mere.

Na primer, pretpostavimo da podelimo meru drugog nivoa vere od 1% do 100%. Kako se vaša vera na drugom nivou vere približava meri od 100%, vi možete dostići treći nivo vere. Po istom kalupu, ako vaša vera na trećem nivou vere naraste do 100% vi ste na četvrtom nivou vere. Zbog toga, vi treba da ste sposobni da ispitate na kom ste trenutno nivou vere, i koliku ste meru na tom nivou ostvarili.

## Kamen vere

Ako vaša vera dostigne više od 60% na trećem nivou vere, kaže se da stojite na kamenu vere. U Jevanđelju po Mateju 7:24-25, Isus nam govori: *"Svaki dakle koji sluša ove moje reči i izvršuje ih, kazaću da je kao mudar čovek koji sazida kuću svoju na kamenu. I udari dažd, i dođoše vode, i dunuše vetrovi, i napadoše na kuću onu, i ne pade; jer beše utvrđena na kamenu."*

„Kamen" se ovde odnosi na Isusa Hrista (1. Korinćanima Poslanica 10:4), a „kamen vere" oslikava čvrsto stajanje na istini, Isusu Hristu. Prema tome, ako stojite na kamenu vere nakon što ste prešli preko 60% na trećem nivou vere, vi ne padate pred bilo kakvom nevoljom ili iskušenjem. Vi se povinujete volji Božjoj do kraja zato što ćete ostati da čvrsto stojite na kamenu vere kada jednom utvrdite da je to pravi put ili volja Božja.

Stoga, vi uvek možete da vodite pobednički život i dajete slavu Bogu bez da vas zavedu neprijatelj Satana i đavo. Šta više, radost i zahvalnost kuljaju iz vašeg srca uprkos bilo kakvih nevolja i iskušenja, i vi uživate u miru i odmarate se tako što se stalno molite.

Recimo da je vaš sin zamalo poginuo u saobraćajnoj nesreći. Uprkos ovoj očiglednoj nesreći, vi od srca prolivate suze zahvalnosti i veseli ste zato što stojite čvrsto u istini. Čak iako ostanete bogalj zbog neke nezgode, vi nećete gunđati protiv Boga, govoreći: „Zašto me Bog nije zaštitio?" Umesto toga, vi ćete zahvaliti Bogu zato što je zaštito ostale delove vašeg tela.

U stvari, jednostavna činjenica da su naši grehovi oprošteni i da možemo da odemo na Nebo, dovoljna nam je da se zahvalimo Bogu. Čak iako postanete bogalj, to vas ne može sprečiti da odete na Nebo zato što kada uđete u carstvo nebesko, vaše obogaljeno telo će se promeniti u savršeno nebesko telo.

Drugim rečima, ne postoji razlog da se žalite ili osećate tugu. Naravno, Bog vas sigurno uvek štiti ako imate ovu vrstu vere. Čak iako Bog dozvoli da budete povređeni u saobraćajnoj nesreći tako da možete primiti blagoslove, vi možete biti kompletno izlečeni u skladu sa vašom verom.

### Trijumfalni život na kamenu vere

Čak iako ljudi u početnoj fazi trećeg nivoa vere imaju želju da se povinuju Reči, nekad se oni radosno povinuju Reči, a nekad se povinuju nevoljno. To je zato što ova druga grupa ljudi nije još uvek kompletno posvećena, i ima sukobe između istine i neistine u svojim srcima.

Na primer, vi pokušavate da služite drugima i ne mrzite ih zato što vas Bog uči da ne mrzite druge nego da volite vašeg neprijatelja. Ipak, čak iako izgleda da vi služite druge, vi možda i dalje osećate tegobu zato što ih vi ne volite iz srca. Međutim, ako stojite čvrsto na kamenu vere, vaš neprijatelj Satana i đavo ne uspevaju da vas zavedu ili uznemire zato što imate srce istine da sledite želju Svetog Duha, i vi nemate čega da se plašite zato što koračate u središtu moći Boga Svemogućeg.

Baš kao što je sa verom mladi David hrabro rekao džinu Golijatu: *„Bitka je GOSPODOVA i On će vas dati nama u ruke"* (1. Samuelova 17:47), vi ćete biti sposobni da date tako hrabru ispovest o veri kad vam Bog podari pobedu u skladu sa vašom verom. Ništa vas ne može omesti ili izmoriti zato što je svemogući Bog vaš pomagač.

Ako ste bližnji sa Bogom i delite ljubav sa Njim, vi možete da dobijete rešenja za vaše probleme i zahteve istog momenta kad Ga pitate sa verom. Ipak, ovo se ne odnosi na ljude koji se retko mole i nisu bližnji sa Bogom. Kada se oni suoče sa problemima, veoma im je teško da prime rešenja od Boga premda tvrde: „Bog će mi sigurno dati rešenje." To je kao da čekaju da jabuka sama padne sa drveta. Eto zašto moramo da se molimo neprestano. Eto zašto moramo da se molimo neprestano.

### Kako da dostignemo kamen vere

Nije lako bokseru da postane svetski šampion. Ta veština

zahteva stalno zalaganje, dugo strpljenje i jaku samokontrolu. Na početku, početnik će nepravedno gubiti trening mečeve zato što nema veštinu.

Ipak, pošto neprestano trenira i usavršava svoju veštinu, on može da zada udarac protivniku makar jednom čak iako je pre toga bio udaren dvaput ili triput. Ako strpljivo poboljšava svoju veštinu i snagu ulažući sve više napora, on će dobijati više mečeva, a njegovo samopouzdanje će takođe rasti.

Slično i učenik koji dobro zna engleski jedva čeka da počne čas engleskog i kad jednom počne on istinski uživa na njemu. Suprotno tome, učenicima koji su loši iz engleskog verovatno će biti dosadno i tegobno na času engleskog.

Isto je tako i sa duhovnim ratom protiv neprijatelja đavola. Ako ste vi na drugom nivou vere, želja Svetog Duha u vama pokreće najžešći rat protiv grešne želje zato što obadve zelje imaju istu veličinu moći. To je kao borba između dva čoveka sa jednakom snagom i veštinom. Ako jedan udari drugog, ovaj mu uzvrati udarac. Ako jedan udari drugog pet puta, drugi mu uzvrati isto toliko puta. Isto je tako i sa duhovnim ratom protiv đavola. Vi nekad nadjačate đavola ili on nekad potuče vas.

Međutim, ako nastavite da se molite i pokušavate da se povinujete Reči bez da imate ili osećate razočarenja, Bog će izliti Svoju milost i snagu i Sveti Duh će vam pomoći. Kao rezultat, želja Svetog Duha buja u vašem srcu i vaša vera stalno raste do trećeg nivoa vere.

Jednom kada dostignete treći nivo vere, požude grešne prirode blede i postaje lakše da živite u veri. Dok se stalno molite kao što i Reč zapoveda, vi ćete uživati u molitvi Bogu. Ako ste u početku mogli da se molite najviše deset minuta, vi ćete moći da se molite dvadeset minuta, onda trideset, a kasnije možete lako da se molite po najmanje dva ili tri sata. Nije lako za početnike u veri da se mole više od deset minuta zato što oni nemaju dovoljno tema i zahteva za koje će da se mole, tako da se osećaju malo nezgodno u vezi molitve i zavide ljudima koji mogu da se tečno, bez poteškoća mole. Ako vi sa strpljenjem nastavite da se molite svim srcem, odozgo će vam biti data snaga da se satima dnevno molite. Bog vam daje Svoju milost i snagu da se molite onda kada dajete sve od sebe da se neprekidno molite.

Na ovaj način, vaša vera odrasta sa neprekidnom molitvom. Kada dostignete veću meru vere u okviru trećeg nivoa, vi ćete posedovati nepoljuljanu veru bez da se okrećete desno ili levo prilikom bilo kog iskušenja ili nevolje.

### Dostići dalje od kamena vere

Ako stojite na kamenu vere, Bog vas voli, rešava vaše probleme i daje vam odgovore štagod da pitate. Vi takođe možete slušati glas Svetog Duha, biti radosni i zahvalni pod bilo kojim okolnostima kako Bog zapoveda, pa ćete neprestanim molitvama postati živahni zato što boravite u Reči koja je zapisana u šezdeset šest knjiga Biblije.

Ako ste sveštenik, starešina, pastor, ili vođa crkve ali ne možete da slušate glas Svetog Duha, morate da znate da još ne stojite na kamenu vere. Ovo ne mora neizostavno da znači da vi možete da čujete glas Svetog Duha samo dok stojite na kamenu vere.

Čak i početnici u veri mogu da čuju Njegov glas kada se

povinuju Božjoj Reči kako su naučili. Zbog njihovog pokoravanja Reči, ne treba mnogo vremena da vera početnika naraste od prvog nivoa sve do mere kamena vere.

Od kako sam prihvatio Gospoda, počeo sam da razumem milost Božju u svom srcu i pokušao da se povinujem Reči kako sam je naučio. Zbog ovih napora, mogao sam da čujem glas Svetog Duha i On me je vodio zato što sam se povinovao Reči svim srcem sa osećajem odlučnosti da ću radosno položiti čak i svoj život za Gospoda ako je potrebno.

Trebalo mi je tri godine da jasno čujem glas Svetog Duha. Vi, naravno, možete čuti Njegov glas za godinu ili dve ako revnosno čitate Reč Božju, držite je u mislima i povinujete joj se. Ipak, bez obzira na dužinu vremena provedenog kao vernik, vi nećete čuti glas Svetog Duha ako ste živeli u sopstvenim mislima bez povinovanja Reči.

Ima nekih vernika koji kažu: „Nekada sam bio ispunjen Svetim Duhom i imam dobru veru. Aktivno sam služio crkvi. Ali moja vera se iskvarila od kako sam duhovno počeo da oklevam zbog nekog drugog člana crkve." U ovakvom slučaju, za ovu osobu ne može biti rečeno da je imala dobru veru pre i da je vredno služila crkvi.

Šta više, da su ovakvi ljudi zaista imali dobru veru, oni ne bi na prvom mestu smeli da padnu zbog drugog člana, i ne bi napustili svoju veru. Bilo im moguće da učine tako zato što su imali samo telesnu veru bez dela čak i ako su imali znanje o Reči Božjoj.

Mi ne treba da budemo nepromišljeni da ostavimo crkvu nakon što nam neki članovi crkve prave smetnje. Koliko bi to bilo žalosno ako izdate Boga koji vas je iskupio od grehova i dao vam pravi život, samo da bi se vratili svetu koji vodi u večnu smrt, i sve zato što ste se zakačili sa sveštenikom, vođom, bratom ili sestrom u vašoj crkvi!

Morate da se složite da ste daleko od kamena vere ako se molite dvolično samo da bi predstavili sebe kao strasnog molioca, ili se osećate mučno i neprijateljski prema onima koji spletkare i ogovaraju vas. Ako vi stojite na kamenu vere, ne treba da osećate neprijateljstvo prema njima, nego da se sa ljubavlju molite za njih u suzama.

Kroz svo moje službovanje od 1982.g, ja sam iskusio krajnje neprihvatljiva vremena i događaje u crkvi. Neki sveštenici ili članovi su sa ljudske tačke gledišta bili suviše zli da bi im bilo oprošteno, ali nikad nisam osećao mržnju ili neprijateljstvo prema njima. Kako sam naslutio da će biti preobraćeni, pokušavao sam da vidim njihove dobre i ljubazne strane umesto njihove zlobe.

Na ovaj način, vi možete potpuno da se povinujete Reči i uživate u slobodi koju vam Reč istine daje ako imate potpunu meru trećeg nivoa vere i stojite čvrsto na Božjoj Reči. Onda ćete uvek biti radosni, odavati hvalu stalno, i neprestano se moliti. Nećete nikad izgubiti osećaj zahvalnosti ili se osećati tužno. Šta više, čvrsto ćete stajati na kamenu Isusa Hrista bez da se tresete ili okrećete desno ili levo.

## 3. Borba protiv greha sve do tačke prolivanja krvi

U srcu onih na drugom nivou vere, želja Svetog Duha vodi rat protiv želja grešne prirode. Ipak, oni na trećem nivou vere izbacuju želju grešne prirode i vode trijumfalni život u Reči jer oni slede želju Svetog Duha.

Na trećem nivou vere, lako je voditi život u Hristu jer ste već odbacili dela grešne prirode dok ste još bili na drugom nivou vere. Ako uđete u treći nivo vere, međutim, vi počinjete da se borite protiv želja grešne prirode, mešavine prirode greha i telesnog tela duboko ukorenjenog u nama, sve do tačke prolivanja vaše krvi.

Kao ishod, kada dostignete punu meru trećeg nivoa, vi nadalje ne mislite saglasno sa grešnim mislima već se potpuno povinujete Reči i uživate slobodu u istini zato što ste se već rešili svih vrsta i pretnji grešne prirode.

### Važnost uklanjanja grešne prirode

Ako volite Boga i povinujete se Njegovoj Reči, ne treba dugo vremena da podignete meru vaše vere od drugog do trećeg nivoa. Naprotiv, ako redovno posećujete crkvu ali ne pokušavate da se povinujete Reči, ne možete podići meru vere do većeg nivoa i morate da ostanete na sadašnjem nivou – drugom nivou vere.

Isto je i sa semenom koje nije posejano duže vreme. Ako seme nije sejano duže vreme, ono gubi svoj život. Vaš duh takođe može rasti samo kada razumete Reč Božju i povinujete joj se. Vi treba da date sve od sebe da razumete Reč i povinujete joj se tako da vaša duša može bolje da napreduje.

Jednom kada je seme zasejano u zemlju, lako je tom semenu da se razvije. Sa jedne strane, izdanak može da umre ako olujna kiša dođe ili ga ljudi nagaze, i iz ovog razloga za mladi izdanak treba posebna pažnja. Na isti način, ljudi na trećem nivou vere treba da vode računa o onima koj su na prvom ili drugom nivou vere tako da oni mogu dobro rasti u veri.

Sa druge strane, ako rastete da postanete veliko drvo u veri time što ste ušli u treći nivo vere, vi nećete pasti dole bez obzira koliko jaka iskušenja ili nevolja dođe na vas. Veliko drvo nije lako iščupati zato što je posađeno duboko u zemlju, iako njegove grane mogu biti savijene ili polomljene. Na isti način, na trenutak se možda čini da samo što niste pali dok se suočavate sa iskušenjima i nevoljama, ali možete da povratite snagu i nastavite da rastete u veri zato što vaša duboko ukorenjena vera nije uzdrmana pod bilo kojim okolnostima.

## Neprestani napori prema potpunoj meri vere

Potrebno je dugo vremena da mlado drvo naraste, procveta i da plodove ili izraste da bude veliko drvo gde ptice mogu sedeti na granama. Slično tome, nije teško uzdignuti vašu veru od drugog do trećeg nivoa kada vi tako čvrsto odlučite, ali potrebno je mnogo više vremena da povećate svoju veru od trećeg na četvrti nivo. Zato vi morate slušati Reč Božju i razumeti je u duhu da se povinujete Reči zapisanoj u šezdeset šest knjiga Biblije, ali nije lako razumeti savršenu volju Boga Oca za kratko vreme.

Na primer, čak iako se učenik ističe u osnovnoj školi, on ne može poći na fakultet ili voditi neki svoj biznis odmah nakon što je završio osnovnu školu.

Ipak, postoje neki pametni ljudi koji upišu fakultet tako što idu i polože kvalifikacione ispite u mlađim godinama, dok drugi pođu na fakultet posle nekoliko pokušaja.

Slično tome, vi možete dostići četvrti nivo vere brzo ili sporo u zavisnosti od vaših napora. Naravno, najvažniji faktor je koliko je osoba velika kao posuda za prihvat vere. Napor male posude nije veliki u nadgrađivanju njegove vere na veći nivo čak iako razume Reč i nada se za Nebo i veru. Nasuprot tome, velika posuda razume šta je ispravno i odlučuje da uradi pravu stvar, i on nastavlja da stremi dok ne postigne svoj cilj.

Zbog toga morate da shvatite koliko je važno da ulažete sve napore i borite se protiv svojih grehova do tačke prolivanja krvi kako bi podigli svoju veru od trećeg do četvrtog nivoa vere što je moguće brže.

### Izvršavanje vaših dužnosti dok isterujete grehove

Vi na smete zanemariti svoje Bogom dane dužnosti dok se borite protiv svojih grehova. Na primer, bila je jedna starija đakonica u mojoj crkvi koja je bila sa mnom od osnivanja crkve. Ona i njen muž, koji su obadvoje patili od ozbiljnih bolesti, došli su u moju crkvu. Oni su primili moju molitvu i bili izlečeni.

Od tada, ona je povratila svoje dobro zdravlje i pokušala da podigne meru svoje vere, ali nije u potpunosti ispunjavala dužnosti kao starija đakonica. Ona nije težila da se bori protiv grehova do tačke prolivanja svoje krvi, i bezbožnost je još uvek ostala u njenom srcu čak iako je nastavila da dolazi u crkvu i petnajest godina slušala Reč Božju. Njena dela i reči su ličila na one koji su na drugom nivou vere.

Na sreću, ona se duhovno probudila nekoliko meseci pre smrti i pokušala je da udovolji Bogu tako što je raznosila i delila crkvene novine. Kako je tri puta primili moju molitvu, njoj je dat treći nivo vere u kratkom vremenskom periodu.

Zato, vi ne trebate samo da se borite protiv svojih grehova do tačke prolivanja krvi da bi oterali sve vrste zla, nego da takođe izvršavate Bogom dane dužnosti svim svojim srcem tako da možete dostići veću meru vere.

Veoma je teško da odbacite svoje grehove sami, ali je veoma lako ako primite snagu Božju sa Neba.

Da budete mudri hrišćanin u Božjim očima pošto se podsetite da Njegova moć dolazi na one koji ne samo da odbacuju sve vrste grehova i zla tako što se bore protiv njih do tačke prolivanja krvi nego i izvršavaju svoje Bogom dane dužnosti, u ime Našeg Gospoda ja se molim.

## Poglavlje 7

# Vera da volite Boga do krajnjeg stepena

**1**
Četvrti nivo vere

**2**
Vaša duša se razvija

**3**
Bezuslovno voleti Boga

**4**
Voleti Boga iznad svega

*„Ko ima zapovesti Moje i drži ih
je onaj ko Me voli;
a onaj ko Me voli
biće voljen od Mog Oca;
i ja ću voleti njega njega i pokazaću Mu se Sam."*
(Jevanđelje po Jovanu 14:21)

Baš kao što morate da idete uz stepenice korak po korak, vi morate da povećavate svoju veru nivo po nivo dok ne dostignete punu meru vere. Na primer, 1. Knjiga Solunjanima 5:16-18 nam govori: *„Radujte se svagda; molite se Bogu bez prestanka; na svačemu zahvaljujte; jer je ovo volja Božija za vas u Hristu Isusu."* Veličina nečijeg povinovanja ovoj zapovesti je drukčija saglasno meri vere svakog pojedinca.

Ako ste na drugom nivou vere, kada se suočite sa iskušenjima i nevoljama vi ste pre tužni nego veseli i zahvalni, zato što vam još nije dato dovoljno snage da živite po Reči Božjoj. Kada uđete u treći nivo vere i odbacite grehove tako što se borite protiv njih do tačke prolivanja vaše krvi, vi ste sposobni da u iskušenjima i nevoljama budete veseli i zahvalni do nekog stepena.

Čak iako ste još na trećem nivou vere i suočite se sa ozbiljnim nevoljama, vi ćete možda biti malo sumnjičavi ili skeptični, ili možda nekako silom veseli i zahvalni zato što još uvek niste u potpunosti razumeli Božje srce.

Međutim, ako čvrsto stojite na kamenu vere koji je sa trećim nivoom vere još dublje ukorenjen, vi ste veseli i zahvalni iz sveg srca čak i ako se suočavate sa iskušenjima i nevoljama. Takođe, ako dostignete veću meru vere – četvrti nivo – sreća i zahvalnost će uvek kuljati iz vašeg srca. Tako, na četvrtom nivou vere, vi ste veoma daleko od toga da budete tužni ili ljutiti u iskušenjima i nevoljama, nego se umesto toga prikazujete na smeran način, pitajući se: "Da li sam ja učinio nešto loše?" Kao rezultat, svako ko dostigne četvrti nivo vere, na kome ste sposobni da volite Gospoda do krajnjeg stepena, prosperira u svemu što radi.

## 1. Četvrti nivo vere

Kada vernici kažu: "Volim te, moj Gospode," izjava onih koji su na drugom ili trećem nivou vere je veoma različita od izjave onih na četvrtom nivou vere. Ovo je zato što je jedna stvar srce koje voli Gospoda umereno, a srce koje voli Njega do krajnjeg stepena je sasvim druga. Baš kao što nam Poslovice 8:17 obećavaju: *"Ja ljubim one koji mene ljube, i koji me marljivo traže nalaze me,"* oni koji vole Gospoda do krajnjeg stepena mogu da dobiju šta god da traže.

### Voleti Gospoda do krajnjeg stepena

Praoci vere koji su voleli Boga do krajnjeg stepena bili su ispunjeni obiljem radosti i iskrene zahvalnosti čak i kad su patili a da nisu učinili ništa loše. Na primer, prorok Danilo se zahvaljivao Bogu sa verom i molio Mu se čak i kad je trebao da bude bačen u lavlju jazbinu kao posledica prevare nekih bezbožnih ljudi.

Ipak, Bog je bio zadovoljan njegovom verom, poslao je Svoje anđele da zatvore usta lavovima i dozvolio im da zaštite Danila od lavova. Kao rezultat, Danilo je veoma slavio Boga (Danilo 6:10-27).

Drugom prilikom, Danilova tri prijatelja priznali su kralju

Nabukodonosoru svoju veru u Boga čak i kad je trebalo da budu bačeni u ognjenu peć pod optužbom da nisu hteli da se poklone i obožavaju zlatni lik.

U Danilu 3:17-18, oni priznaju: *„Evo, Bog naš, kome mi služimo, može nas izbaviti iz peći ognjene užarene; i izbaviće nas iz tvojih ruku kralju. Ali čak i da On ne bi, znaj, kralju, da bogovima tvojim nećemo služiti niti ćemo se pokloniti zlatnom liku, koji si postavio.*"

Oni su čvrsto verovali Bogu sa čijom snagom su sve stvari moguće, i čvrsto priznali da su spremni da se odreknu svojih života za Boga kome služe čak i ako ih On ne spasi iz ognjene peći.

Oni su bili odani svojim dužnostima ne tražeći ništa zauzvrat i nisu se žalili Bogu, čak i kad su se suočili sa kobnim iskušenjem koje je zahtevalo njihove živote bez ikakvog razloga. Oni su i dalje mogli da se raduju i daju zahvalnost za milost Božju zato što su svi oni bili veoma svesni da će sigurno otići na Nebo u ruke svom voljenom Ocu čak iako su ispečeni do smrti u ognjenoj peći. Vodeći se priznanjem njihove vere, Bog ih je zaštitio od ognjene peći tako da im ni dlaka sa glave nije oprljena. Kralja je veoma preplašio ovaj čudesni prizor pa odao veliku slavu Bogu i unapredio Danilove prijatelje na veće pozicije nego pre.

Razmotrite ovaj primer: bezbožni ljudi su apostola Pavla i Silu brutalno išibali i bacili u tamnicu kada su putovali od mesta do mesta i propovedali jevanđelje. Noću, oni su slavili i zahvaljivali Bogu kada su se, usled snažnog zemljotresa, zatvorska vrata otključala (Apostolska dela 16:19-26).

Pretpostavite da ste i vi iz neopravdanih razloga patili kao ovi praoci vere. Da li mislite da bi bili sposobni da se veselite i zahvaljujete iz dubina svog srca? Ako primetite da postajete nervozni, ljuti ili plahoviti, morate da shvatite da ste daleko od kamena vere. Ako doprete dalje od kamena vere, vi ćete uvek biti veseli i zahvalni iz sveg srca uprkos nevoljama i iskušenjima sa kojima se suočavate, zato što razumete Božje proviđenje. Ako ste u bolovima zbog nepravednih stradanja, mora da postoji razlog za to stradanje. Ali zato što ste sposobni da uz pomoć Svetog Duha ukažete na razlog, vi možete da se radujete i budete zahvalni.

A šta je bilo sa Davidom, najvećim kraljem Izraela? Zbog pobune njegovog sina Avesaloma, kralj David je smaknut sa trona i izbegao, i živeo je bez hrane i doma. Pored abdikacije, Davida je kamenovao i psovao skromni siromašak po imenu Simej. Jedan od Davidovih slugu je upitao kralja da li da ubije Simeja, ali David je odbio njegov zahtev govoreći: *"Ostavite ga neka psuje, jer mu je GOSPOD zapovedio"* (2. Samuelova 16:11).

Šta više, David nikad nije izgovorio ni jednu reč prigovora za vreme svojih muka. Čvrsto se pridržavao ljubavi i oslanjanja na Boga, i ostao čvrst u svojoj veri. Usred ovakvih iskušenja, David je mogao da piše prelepe i smirujuće reči hvale, kao što je ona koju nalazimo u Psalmu 23.

Na ovaj način, David je uvek verovao da Bog radi za njegovo dobro, čak iako je bio na gubitku zbog iskušenja i nevolja, zato što je uvek razumeo volju Božju i zahvaljivao se Bogu i lio suze radosnice.

Nakon što je David prošao svoja iskušenja, postao je kralj

koga je Bog sve više voleo. Šta više, bio je sposoban da Izrael učini toliko moćnim da su susedne zemlje donosile danak Izraelu. Na ovaj način, kada je Bog video Davidovu veru, On je u svim delima delovao dobro za ovog kralja i davao mu je blagoslove.

## Radosno se povinuj Gospodu sa najvišom ljubavi

Pretpostavimo da postoje čovek i žena koji uskoro treba da se venčaju. Oni se toliko uzajamno vole da osećaju da su spremni da se odreknu svog života, ako je potrebno, zbog voljenog ili voljene. Svako od njih želi da da sve što može onom drugom, i uvek udovoljavaju jedno drugom čak i na sopstveni račun. Oni žude da budu jedno sa drugim što je češće, duže i više moguće. Oni ne mare za hladno vreme čak i ako zajedno hodaju po snežnom putu ili burnom nevremenu. Oni ne osećaju umor ili iscrpljenost čak i ako ostanu celu noć da razgovaraju jedno sa drugim telefonom.

Na isti način, ako volite Gospoda do najvećeg stepena kao što ovaj par koji uskoro treba da se venča voli jedno drugo, i imate nepromenljivo srce za Njega, vi ćete biti na četvrtom nivou vere. Onda, kako možete pokazati ljubav prema Njemu? Kako Gospod meri vašu ljubav prema Njemu?

Isus nam govori u Jevanđelju po Jovanu 14:21: *„Ko ima zapovesti moje i drži ih, on je onaj što ima ljubav k meni; a koji ima ljubav k meni imaće k njemu ljubav Otac moj; i ja ću imati ljubav k njemu, i javiću mu se sam."*

Vi treba da se povinujete Božjim zapovestima ako Ga volite; ovo je dokaz vaše ljubavi za Gospoda. Ako vi Njega iskreno volite, Bog će zauzvrat voleti vas i Gospod će biti sa vama i pokazaće vam dokaz da je sa vama. Nasuprot tome, ako se ne povinujete Njegovim zapovestima, teško ćete da dobijete uslugu, odobrenje ili blagoslove od Boga.

Da li zaista volite Gospoda? Ako Ga volite, vi ćete se zasigurno povinovati Njegovim zapovestima i služiti Njemu u duši i u istini. Vi nikada nećete biti sanjivi ili pospani dok slušate poruku. Kako se za vas može reći da volite nekoga ako zaspite dok vam on ili ona priča? Ako zaista volite svog partnera, i samo slušanje njegovog ili njenog glasa će biti izvor velike radosti.

Na isti način, ako iskreno volite Boga, vi ćete biti apsolutno srećni i radosni kada slušate Njegovu Reč. Ako se osećate pospano ili dosadno, jasno je da ne volite Boga. 1. Poslanica Jovanova 5:3 nas podseća: *„Jer je ovo ljubav Božija da zapovesti Njegove držimo; i zapovesti Njegove nisu teške."*

Zaista, za one koji vole Boga, nije teško da se povinuju Božjim zapovestima. Vi otuda možete potpuno da se povinujete Njegovim zapovestima ako dostignete veru da iskreno volite Boga. Vi im se povinujete iz dubina vašeg srca, umesto da im se povinujete nevoljno ili sa osećajem opterećenosti.

Uz to, ako uđete u četvrti nivo vere, vi se radosno povinujete svakoj Reči Božjoj zato što Ga veoma volite Njega, baš kao što jedan partner želi da da drugom partneru sve što ovaj traži ili uradi sve što taj partner poželi.

### Zli ne mogu da vam naude

Oni koji vole Gospoda do najviše tačke postaju potpuno posvećeni potpunim povinovanjem u Reči, baš kao što nam 1. Poslanica Solunjanima 5:21-22 govori: *„A sam Bog mira da* *posveti vas cele u svačemu; Uklanjajte se od svakog zla."* Kako vas Bog nagrađuje kada ne samo što odbacujete sve grehe boreći se protiv njih do tačke prolivanja krvi, već ste se otarasili i svakog zla? Kako On pokazuje dokaz da vas voli? Bog daje mnogo obećanja za blagoslov onima koji ispunjavaju svetost i čistotu zato što vas On nagrađuje kako ste posejali i uradili.

Prvo, kao što nam i 1. Poslanica Jovanova 5:18 govori: *"Znamo da nijedan koji je rođen od Boga, ne greši, nego koji je rođen od Boga čuva se, i nečastivi ne dohvata se do njega,"* vi ćete biti rođeni od Boga. Vi ćete biti čovek od duha kada više ne činite greh zato što stremite da živite po Reči Božjoj i odagnate grehove boreći se protiv njih sve do tačke prolivanja krvi. Onda zli neprijatelj đavo ne može više da vam naudi zato što vas Bog čuva.

Sledeće, 1. Poslanica Jovanova 3:21-22 obećava: *"Ljubazni, ako nam srce naše ne zazire, slobodu imamo pred Bogom; i šta god zaištemo, primićemo od Njega, jer zapovesti Njegove držimo i činimo šta je Njemu ugodno."* Vaše srce vas ne odaje kada ugađate Bogu ne samo povinovanjem Njegovim zapovestima već i odbacivanjem svake vrste zla.

Vi imate samopouzdanje pred Bogom i dobijate od Njega sve što tražite baš kao što vam Bog obećava. On ne laže niti menja Svoje mišljenje; On ispunjava sve što govori i obećava (Brojevi 23:19). Otuda, On daje sve što potražite ako Ga volite do najvišeg stepena i postanete posvećeni.

Čak i kada sam bio samo početnik u veri, osećao sam donekle razočarenje kada su poruke ili bogosluženja bili kratki, zato što sam želeo da znam više o Božjoj volji i da primim Njegovu milost. Mogao sam da dostignem potpunu meru vere za kratko vreme zato što sam dao sve od sebe da živim po Reči čim sam je razumeo.

Kao ishod, danas ja dajem na dar Bogu sve, čak i sopstveni život, koji ne štedim, sa svom svojom dušom i srcem i mislima, i živim samo po Reči kako bih Njega voleo do najvišeg stepena i udovoljio Mu. Mada Mu dajem sve što imam, uvek želim da mogu da Mu dam još više. Moja žena i deca su se takođe predali Gospodu svim svojim srcem pošto sam ih naučio da žive na ovaj način. Ako osećate poteškoću u vođenju hrišćanskog života, vi treba da budete žedni Reči Božje, pokušate da Ga obožavate u duši i u istini, i težite da živite samo po Reči.

## 2. Vaša duša se razvija

Ljudi na četvrtom nivou vere uvek žive po Reči, jer priznaju svim svojim srcem, zato što uvek razmišljaju: „Šta treba da uradim da udovoljim Bogu?" a dela pokoravanja zasigurno prate priznanje vere koja potiče iz njihovih srca. To je zato što oni vole Boga do najvišeg stepena.

On takvim ljudima obećava u 3. Jovanovoj Poslanici 1:2: *„Ljubazni! Molim se Bogu da ti u svemu bude dobro, i da budeš zdrav, kao što je tvojoj duši dobro."* Šta znači da „tvojoj je duši dobro"? Koje vrste blagoslova su date?

### Vaša duša se razvija

Kada je čovek prvi put stvoren, Bog je udahnuo dah života u njega i on je postao živi duh. On je bio sačinjen od duha, preko kojeg je mogao da bude blizak sa Bogom; dušu koju kontroliše duh; telo u kome duša i duh borave i on je mogao da živi večno kao živi duh (Postanak 2:7, 1. Poslanica Solunjanima 5:23). Zato, onaj kome se duša razvija može da vlada nad svim stvarima i živi večno baš kao što je i prvi čovek Adam komunicirao sa Bogom i potpuno se povinovao Njegovoj volji. Međutim, prvi čovek Adam se nije pokorio komandi Božjoj i izgubio je sve blagoslove koje mu je Bog dao. Bog mu je zapovedio: „*Jedi slobodno sa svakog drveta u vrtu; ali s drveta od znanja dobra i zla, s njega ne jedi; jer u koji dan okusiš s njega, umrećeš*" (Postanak 2:16-17). Adam se nije pokorio Božjoj zapovesti i jeo je sa drveta spoznaje. Na kraju, njegov duh-preko kojeg je mogao da komunicira sa Bogom- umro je i on je bio oteran iz Rajskog Vrta.

Ovde, reći: „njegov duh je umro" ne znači da je Adamov duh nestao već da je izgubio svoju pravu vrednost. Duh treba da igra ulogu gospodara, ali mesto duha je preuzela duša pošto je duh umro. Prvi čovek Adam je kao živi duh komunicirao sa Bogom koji je Duh.

Ipak, Adamov duh je umro zbog njegove nepokornosti i kao ishod on nije mogao više da komunicira sa Bogom. Dakle, on je postao čovek duše, koja je zauzvrat postala gospodar koji vlada nad njime umesto njegovog duha.

„Duša" se odnosi na sistem pamćenja u mozgu i svaku vrstu memorije i misli pomoću kojih se uskladištena memorija reprodukuje. Čovek duše znači da on više ne zavisi od Boga već se oslanja na ljudsko znanje i teoriju. Kroz stalan rad neprijatelja Satane nad čovečijim mislima-duši- nepravednost i zlo navaljuju na čoveka i svet je ispunjen zlom onoliko koliko ih je čovek primio. Ljudi postaju sve više okaljani grehovima i kvare jednu generaciju za drugom. Prvi čovek Adam, i kao čovek duha i kao gospodar svih stvari, uživao je u večnom životu zato što je njegov duh služio kao njegov gospodar i mogao je da komunicira sa Bogom. Kada je kroz njegovu nepokornost tama probila njegovo srce koje je bilo ispunjeno samo istinom, njegovo srce je postepeno palo pod kontrolu neprijatelja Satane, vladara sila tame.

Kao ishod, potomci neposlušnog Adama su postali ništa bilji od životinja koje su načinjene od duše i tela bez duha. Oni su počeli da žive u svakojakoj neistini kao što je laž, preljuba, mržnja, ubistvo, zavist i ljubomora, u svemu što je protivno Reči Božjoj (Knjiga Propovednika 3:18).

Uprkos tome, Bog ljubavi otvorio je put spasenja kroz Njegovog Sina Isusa Hrista, i dao je kao poklon Svetog Duha svakome ko je prihvatio Isusa Hrista kako bi njegov umrli duh mogao da oživi. Ako neko primi Svetog Duha kao poklon prihvatajući Isusa Hrista, njegov umrli duh oživljava. Šta više, ako dopusti da Sveti Duh rodi duh u njemu, on postepeno postaje čovek duha.

Takav pojedinac može da uživa sve blagoslove na način na koji je prvi čovek Adam to radio kao živi duh zato što njegova duša napreduje, što znači da njegov duh postaje gospodar, a njegova duša se sada povinuje duhu. Ovo je proces rasta vaše vere i proces napredovanja vaše duše.

Vi ste u prvom nivou vere ako prihvatite Isusa Hrista i primite Svetog Duha. Vi tada možete da stojite na kamenu vere i živite samo po Reči kroz strašan rat između vašeg duha koji prati želju Svetog Duha, i vaše duše koja prati želju grešne prirode.

Ako dostignete četvrti nivo vere, vi postajete sveti i ličite na Gospoda zato što vaš duh postaje vaš gospodar.

## Vaš duh kontroliše vašu dušu

Kada vaš duh upravlja vašom dušom kao gospodar i vaša duša se povinuje rukovođenju vašeg duha kao sluga, kaže se: „vaša duša se razvija." Onda ćete prirodno početi da ličite na srce i stav Gospoda, kao što nam Poslanica Filipljanima 2:5 govori: „*Jer ovo da se misli među vama šta je i u Hristu Isusu.*"

Kada vaš duh rukovodi vašom dušom, Sveti Duh rukovodi vašim srcem 100% zato što Božja Reč istine kontroliše vaše srce i kao rezultat, vi se više ne oslanjate na vaše misli. Drugim rečima, vi možete potpuno da se povinujete reči Božjoj zato što ste uništili sve vrste telesnih misli i umesto toga vaše srce postaje sama istina.

Na ovaj način, kada postanete čovek duha i rukovođeni ste Svetim Duhom, vi možete da pobegnete svim vrstama nevolja ili iskušenja i možete biti oslobođeni od opasnosti u bilo kojim okolnostima. Na primer, čak i ako se desi prirodna katastrofa ili neočekivana nesreća, vi ćete unapred čuti glas Svetog Duha koji vas budi da pobegnete sa tog mesta i ostanete na sigurnom.

Tako, kada vaša duša napreduje, vi poveravate sve vaše puteve Bogu pokornog srca. On onda upravlja vaše srce i misli, vodi sve vaše puteve, i blagoslovi vas dobrim zdravljem.

U ovome Knjiga Ponovljenih Zakona 28 navodi sledeće:

*I doći će na te svi ovi blagoslovi, i steći će ti se, ako*

*uzaslušaš glas Gospoda Boga svog: Blagosloven ćeš biti u gradu, i blagosloven ćeš biti u polju. Blagosloven će biti plod utrobe tvoje, i plod zemlje tvoje i plod stoke tvoje, mlad goveda tvojih i stada ovaca tvojih. Blagoslovena će biti kotarica tvoja i naćve tvoje Blagosloven ćeš biti kad dolaziš i blagosloven ćeš biti kad polaziš* (Knjiga Ponovljenih Zakona 28:2-6).

Zato, oni koji se povinuju Reči Božjoj zato što njihova duša napreduje neće dobiti samo večni život u Raju, već će uživati i u svim vrstama blagoslova u zdravlju, materijalno, i potomstvu čak i na ovom svetu.

## Sve može biti dobro za vas

Josif, sin Jakovov, bio je stavljen u očajnu situaciju: njegova rođena braća su ga prodali kada je bio mlad i bio je odveden u Egipat, i tamo nečasno zatvoren a da on sam nije ništa pogrešno uradio.

Uprkos teškoj situaciji, Josif nije bio obeshrabren već se predao vođstvu svemogućeg Boga. Zahvaljujući njegovoj velikoj veri, Bog je Sam rukovodio svim stvarima za Josifa i spremao sve što mu je bilo potrebno. Kao ishod, sve se dobro odvijalo po Josifa i on je bio veoma dobro nagrađen tako što je postao premijer Egipta.

Dakle, iako je u mladosti Josif bio odveden u Egipat i tamo bio rob nekom Egipćaninu, na kraju on je rukovodio Egiptom i mogao je da spasi i svoju porodicu i ljude Egipta od sedmogodišnje suše. Pored toga, on je bio utemeljivač narodu

Izraela da tamo žive.

Danas na zemlji postoji više od šest milijardi ljudi. Među njima, više od milijarde veruje u Isusa Hrista. Ako među tom milijardom hrišćanske populacije ima Božje dece koja su nevina i neokaljana, koliko bi ih On voleo! On je sa njima uvek i svuda ih blagoslovi. Kada ih očekuju poteškoće, On će naterati njihova srca da izbegnu te poteškoće ili ih voditi da se mole. Vodeći ih da se mole, Bog prima njihove molitve i otklanja te poteškoće zato što je On pravedan Bog.

Pre nekoliko godina, bio sam pozvan da govorim na Evangelistilčkoj konferenciji u Los Anđelesu (Los Angeles). Pre mog odlaska, osetio sam jak Božji podstrek da se molim za tu konferenciju, tako da sam se dve nedelje koncentrisao na molitvu za konferenciju u planinskoj isposnici. Nisam znao zašto me je Bog tako jako terao da se molim za tu konferenciju sve dok nisam stigao u Los Anđeles.

Neprijatelj Satana i đavo su huškali zle ljude da spreče održavanje konferencije, i događaj je bio skoro na rubu poništenja. Nakon dobijanja moje molitve i molitve članova moje crkve, Bog je unapred uništio njihove lukave planove.

Tako, u vreme kada sam stigao u Los Anđeles, našao sam sve spremno za konferenciju, koju sam mogao da održim uspešno bez poteškoća. Uz to, mogao sam da dam veliku slavu Bogu kroz mogućnost da objavim blagoslov gradskoj većnici Los Anđelesa i, kao prvi Korejanac, sam od vlade okruga Los Anđelesa proglašen počasnim građaninom.

Na ovaj način, onaj kome duša napreduje sve poverava Bogu. Kada poverite sve stvari u molitvi bez da zavisite od vaših misli, želje ili plana, Bog nadzire vaš um i vodi vas tako da se sve odvija dobro po vas.

Čak iako se suočite sa nevoljom, Bog u svim stvarima deluje za vaše dobro kada dajete zahvalnost Bogu čak i pred teškom situacijom zato što čvrsto verujete da vam Bog to dozvoljava po Njegovoj volji. Ponekad se možete suočiti sa nevoljom kada nešto uradite po sopstvenom iskustvu ili mislima bez da zavisite od Boga, ali čak i tada, Bog vam odmah pomaže kada shvatite svoju grešku i pokajete se.

## Potpuno kontrolisani Svetim Duhom

Ako stojite na kamenu vere, sve vrste sumnji vas napuštaju i vi počinjete da čvrsto verujete u to da je Bog živ i u Njegova dela kao što je Gospodovo vaskrsnuće i povratak, stvaranje nečega od ničega, i Njegov odgovor na vašu molitvu.

Dakle, u svim iskušenjima i nevoljama, vi možete samo da se radujete, molite i zahvaljujete Bogu zato što nikad ne sumnjate u nevericu. Bez obzira na to, Sveti Duh ne kontroliše još uvek vaše srce 100% zato što niste dostigli punu meru posvećenosti. Ponekad ne možete precizno da kažete da li je ono što čujete glas Svetog Duha, i postajete zbunjeni zato što su telesne misli i dalje u vama.

Na primer, dok se molite za pokretanje nekog posla, slučajno nađete određeni posao i počnete da ga vodite, misleći da je to Božji odgovor na vašu molitvu. Na početku, posao se čine uspešnim, a kasnije postaje sve gore i gore. Onda shvatite da niste čuli glas Svetog Duha, već ste se umesto toga oslonili na sopstvene misli.

Zato, oni koji stoje na kamenu vere su u većini slučajeva

uspešni zato što razumeju istinu i žive po Reči ali još nisu savršeni u veri pošto nisu ušli na nivo u kome mogu kompletno da povere sve stvari Bogu i oslone se samo na Njega.

Kakvi su ljudi na četvrtom nivou vere? Ako ste na četvrtom nivou vere, vaše srce se već pretvorilo u istinu, vaš život je u skladu sa Reči Božjom, i istina je objedinjena u vašem telu i srcu. Vaše srce je pretvoreno u duh i onda vaš duh potpuno rukovodi vašom dušom. Dakle, vi više ne živite shodno vašim mislima zato što sada Sveti Duh rukovodi vašim srcem 100%. Onda možete da napredujete u svemu što radite zato što vas Bog vodi kada se Njemu povinujete dok sledite rukovođenje Svetog Duha.

Kada ste se već molili da postignete nešto, možete biti vođeni na put napretka i uspeha bez da napravite grešku tako što ćete uporno čekati sve dok vas Sveti Duh nadgleda 100%. Knjiga Postanka 12 podseća nas da se Avram povinovao i napustio rodnu zemlju čim mu je Bog zapovedio mada nije znao gde treba da ide. Međutim, zbog njegove pokornosti Božjoj volji, on je bio blagosloven da postane praotac vere i prijatelj Božji.

Zato, vi nemate zašto da brinete kada Bog upravlja vašim načinom života. Možete da uživate u blagoslovima u svem svome životu ako verujete i sledite Njega zato što je svemogući Bog sa vama.

## Savršena dela pokornosti

Ako uđete u četvrti nivo vere, vi se radosno povinujete svim zapovestima zato što volite Boga do najvišeg stepena. Vi Mu se ne pokoravate nevoljno ili silom već se povinujete slobodno i radosno iz dubine vašeg srca zato što Ga volite.

Dozvolite mi da uzmem jedan primer kako bih vam pomogao da bolje razumete ovo. Pretpostavimo da ste vi u velikom dugu. Ako ne uspete da odmah isplatite dugovanje, vi treba da budete kažnjeni po zakonu. Još gore, recimo da je jednom od članova vaše porodice potrebna hitna operacija. Vi ćete se rastužiti ako nemate novac u ovako strašnoj situaciji.

Kako ćete, onda, reagovati ako slučajno nađete veliki komad dijamanta na ulici? Vaš odgovor će varirati saglasno sa merom vaše vere.

Ako ste na prvom nivou vere da jedva primite spasenje, vi ćete možda misliti: „Sa ovim, ja mogu da otplatim sav moj dug i platim bolničke troškove." Ovo je zato što još ne znate dobro Reč Božju. Vi ćete pogledati naokolo da vidite da li ima nekoga i podići ga ako nema nikoga.

Ako ste na drugom nivou vere na kome pokušavate da živite po Reči, možda ćete imati duhovni rat između želje grešne prirode, govoreći: „Ovo je Božji odgovor na moju molitvu," i želje Svetog Duha, govoreći: „Ne, ovo je krađa. Moraš da ga vratiš vlasniku."

Najpre ćete možda oklevati i premišljati da li da ga uzmete ili da ga odnesete u policiju, ali ćete ga na kraju staviti u džep zato što je prisustvo zla jače od prisustva dobra u vama. Da nemate dug ili niste u takvoj strašnoj situaciji, možda bi oklevali na momenat ali bi ga odneli u policiju. Međutim, zlo u vama može na kraju da pobedi dobro zato što se nalazite u beznadežnoj situaciji.

Sledeće, ako ste na trećem nivou vere ili stojite na kamenu vere, prateći želju Svetog Duha, vi ćete odneti dijamant u policiju zato što želite da ga vratite njegovom vlasniku. Bez obzira na to, možda će vam u srcu nedostajati dragulj, pa ćete misliti: „Mogao sam da otplatim ceo dug i da platim operaciju!" Dakle, vaše delo još nije savršeno zato što želja neistine još uvek ostaje u vama na ovaj način.

Kako bi se ponašali u tako škakljivoj situaciji ako ste na četvrtom nivou vere? Vi nikada ne mislite o vašoj sopstvenoj želji čak i nap ogled na tako skup dragulj zato što nemate neistinu u vašem srcu i takva vrsta zle ideje nikada vam ne pada na pamet.

Umesto toga, osećate žalost prema vlasniku, misleći: „Koliko mu je slomljeno srce! Kladim se da ovo traži svuda. Odneću ga u policiju odmah!" Učinićete kako mislite i odneti ga u policiju.

Na ovaj način, ako volite Gospoda do najvišeg stepena i na četvrtom nivou vere ste, vi se uvek povinujete zakonu Božjem bez obzira da li vas neko vidi ili ne zato što vaš život poštuje zakon. U ovoj situaciji, nepotrebno je da pokušavate da razlikujete glas Svetog Duha od svega drugog, kao što su vaše grešne misli.

Pre nego što stanete na kamen vere, mnogo puta sebe nalazite u poteškoćama zato što nije lako da razlučite vaše sopstvene misli od glasa Svetog Duha. Čak iako stojite na kamenu vere, možda nećete moći da kompletno odvojite prvo od ovog docnijeg.

Međutim, jednom kada dostignete meru vere četvrtog nivoa, nemate razloga da osećate tegobu i vi samo treba da sledite glas Svetog Duha zato što On rukovodi i kontroliše vaše srce i misli 100%.

Šta više, kada ste na četvrtom nivou vere, vi se ne oslanjate na ljudske misli, mudrost ili iskustvo već vas Gospod vodi u svem vašem životu. Kao rezultat, možete da uživate u blagoslovima „Jehovahjireha" (GOSPOD Će Se Postarati) i sve će se dobro odvijati po vas.

### 3. Bezuslovno voleti Boga

Ako ste na četvrtom nivou vere, vaša ljubav prema Bogu je bezuslovna. Vi propovedate Jevanđelje ili savesno radite delo Božja zato što, bez ikakvog očekivanja da dobijete blagoslove ili odgovore od Boga, jednostavno verujete da je vaša dužnost da činite tako. Isto je i kada služite vašim komšijama požrtvovanom ljubavlju. Vi to činite bez očekivanja ikakvog uzvratnog plaćanja od njih zato što volite mnogo njihove duše.

Da li roditelji traže od njihove dece da im plate za njihovu ljubav? Oni to nikad ne čine; ljubav je davati. Roditelji su jednostavno radosni i zahvalni na činjenici da imaju decu koju vole. Ako ima roditelja koji žele da im se njihova deca pokore ili podižu svoju decu samo da bi se hvalili, oni očekuju otplatu za svoju ljubav.

Slično, deca ne žele ništa zauzvrat od svojih roditelja ako vole svoje roditelje iskrenim srcem. Kada obave svoje dužnosti i daju sve od sebe da udovolje svojim roditeljima, roditelji su naterani da razmišljaju: „Šta da im dam?"

Isto tako, ako dostignete meru vere na kojoj volite Gospoda do najvišeg stepena, i sama činjenica da ste dobili milost spasenja je dovoljna da vas vodi da zahvaljujete Bogu, i vi zato osećate da nema načina da uzvratite Njegovu milost i ne možete a da ne volite istinu i Boga bezuslovno.

Zato, ako imate veru da volite Boga bez ijednog uslova, dobijate da se molite, radite, i služite danju i noću za kraljevstvo Božje i Njegovu pravednost, i ne očekujete nikakvu nadoknadu za to.

## Voleti Boga sa neprevrtljivim srcem

U Delima Apostolskim 16:19-26 postoje Pavle i Silo koji, čak iako su činili dobro kao što je propovedanje jevanđelja nejevrejima i isterivanje demona iz njih, bili su uhvaćeni i odvučeni na pijacu od strane zlih ljudi. Tamo su ih skinuli, brutalno šibali i bacili u zatvor. Bili su stavljeni u unutrašnju ćeliju sa okovima na stopalima. Da ste vi na njihovom mestu, šta biste uradili?

Ako ste na prvom ili drugom nivou vere, možda se žalite ili mumlate: „Bože, da li si Ti zaista živ? Mi smo verno radili za tebe sve do sada. Ali zašto si dozvolio da budemo zatvoreni?"

Na trećem nivou vere vi nikada nećete izgovoriti takve reči, ali se možda molite u pomalo depresivnijem tonu: Bože, video si nas ovako ponižene dok smo propovedali Jevanđelje za tebe. Sve ovo je mnogo bolno. Molim te izleči nas i oslobodi nas!"

Pavle i Silo su, međutim, zahvaljivali Bogu i pevali Mu hvale čak iako su bili u beznadežnoj i strašnoj situaciji, i nisu imali ideju šta će se desiti sa njima. Neočekivano, jak zemljotres je uzdrmao temelje zatvora. Odjednom, sva zatvorska vrata su se širom otvorila i svi su se oslobodili lanaca. Pored ovog čuda, tamničar i njegova porodica su prihvatili Jevanđelje Isusa Hrista i primili su spasenje.

Dakle, ljudi na četvrtom nivou vere mogu da daju slavu Bogu

u trenutku zato što imaju jaku veru sa kojom mogu da se mole i slave Boga radosno u svim iskušenjima i nevoljama.

### Radosno se povinovati svemu

U Knjizi Postanka 22, Bog je zapovedio Avramu da žrtvuje svog jedinog sina Isaka, sina koga je Bog obećao, kao žrtvenu paljenicu za Njega. Žrtvena paljenica se odnosi na žrtvu ponuđenu Bogu tako što se životinja iseče na komade, delovi se stave na složena drva na oltaru i spale se.

Avramu je trebalo tri dana da dođe do oblasti Morija, gde je trebalo da žrtvuje svog sina Isaka kao žrtvenu paljenicu u pokoravanju Božjoj komandi. Šta mislite, šta je bilo u njegovim mislima tokom tro-dnevnog putovanja?

Neki ljudi dokazuju da je Avram otišao tamo sa konfliktom u svojim mislima: „Treba li da Mu se povinujem ili ne?" Ipak, to nije bio slučaj. Morate znati da ljudi na trećem nivou vere pokušavaju da vole Boga zato što znaju da treba da vole Boga.

Ipak, ljudi u četvrtom nivou vere jednostavno vole Njega, bez da pokušavaju da Ga vole. Bog je unapred znao da će Mu se Avram sa radošću povinovati i testirao je njegovu veru. Ipak, On ne dozvoljava tako teško iskušenje ljudima koji nisu sposobni da Mu se povinuju.

Zbog toga Poslanica Jevrejima 11:19 komentariše da: *„Pomislivši da je Bog kadar i iz mrtvih vaskrsnuti; zato ga i uze za priliku."* Avram je mogao radosno da se povinuje Njegovoj zapovedi zato što je verovao da Bog može vaskrsnuti njegovog sina iz mrtvih. Na kraju, Avram je prošao test vere i dobio je neverovatan blagoslov. On je postao praotac vere, blagoslov svih nacija, a zvali su ga i Bogov „prijatelj."

Ako ste takva osoba koja se sa radošću povinuje Bogu, vi ćete uvek biti radosni i zadovoljni u svakom iskušenju i nevolji. Vi ne možete ništa osim da zahvalite Bogu iz dubina vašeg srca i molite se zato što znate da Bog u svemu radi za vaše dobro i daje vam blagoslove kroz ta iskušenja i proganjanje.

Bog je zadovoljan verom i daje vam sve što tražite. Zbog toga nam Isus govori u Jevanđelju po Mateju 8:13: „*I kako si verovao neka ti bude,*" i u Jevanđelju po Mateju 21:22: „*I sve što uzištete u molitvi verujući, dobićete.*"

Ako još imate neki neodgovoreni molitveni zahtev, to dokazuje da Mu niste potpuno verovali već ste sumnjali. Zato, vi treba da dostignete nivo da volite Boga bezuslovno pokoravajući Mu se radosno iz srca pod bilo kojim okolnostima.

### Zagrliti sve sa ljubavlju i milošću

Šta ćete vi uraditi ako vas neko krivi i optužuje bez ikakvog razloga? Ako ste vi na drugom nivou vere, vi nećete moći da izdržite i bunićete se ili se svađati oko toga. Pored toga, ako imate još nepobožnosti u svesti, vi ćete se razljutiti i možda ga izvređati. Kako bilo, nije ispravno za Božje vernike da pokazuju bilo koju vrstu zla kao što je ljutnja, plahovitost ili uvredljiv govor, kao što je rečeno u 1. Petrovoj Poslanici 1:16: „*Budite sveti, jer sam ja svet.*"

Ako ste na trećem nivou vere, kako ćete reagovati? Osećate se bolno i nelagodno zato što Satana neprestano radi u vašim mislima. Ovo je zato što, čak i kad mislite da treba da budete veseli, vama manjka zahvalnost i radost koje nadolaze iz vašeg srca.

Ako ste na četvrtom nivou vere, vaša svest nije poljuljana i ne osećate se uznemirenom čak iako vas drugi možda mrze ili vas proganjaju bez razloga, zato što ste već oterali iz sebe svaku vrstu zla.

Isus se nije osećao mučno ili bolno mada se suočio sa progonom, opasnošću, nemilošću i stalnim pretnjama ljudi dok je propovedao jevanđelje. On nikad nije rekao nešto kao: „Ja sam samo činio dobra dela, ali bezbožni ljudi su me proganjali i čak pokušali da me ubiju. Ja sam veoma žalostan." On im umesto toga nije rekao ništa drugo nego reč koja daje život.

Ako ste na četvrtom nivou vere, vi ličite na srce Gospodnje. Sada vi žalite one koji vas proganjaju i molite se za njih umesto da ih mrzite ili osećate neprijateljstvo prema njima. Vi im opraštate i razumete ih, grleći ih sa ljubavlju i milosrđem.

Zbog toga, ja se nadam da vi razumete da se u istim situacijama, ljudi koji su ljutiti ili mrze druge osećaju bolno i depresivno dok oni koji opraštaju i prihvataju u zagrljaj druge s ljubavlju i milosrđem ne osećaju bol, i zlo nadvladavaju dobrotom.

## 4. Voleti Boga iznad svega

Ako dostignete nivo da volite Gospoda do krajnjeg stepena, vi se potpuno povinujete zapovestima i vaša duša dobro napreduje. Za vas je prirodno da volite Boga iznad svega. Zbog toga je apostol Pavle priznao u Poslanici Filipljanima 3:7-9 da on računa kao gubitak sve što je imao i da je sve stvari izgubio zato što ih je smatrao za „tričarije":

> *No šta mi beše dobitak ono primih za štetu Hrista radi. Jer sve držim za štetu prema prevažnom poznanju Hrista Isusa Gospoda svog, kog radi sve ostavih, i držim sve da su trice, samo da Hrista dobijem, I da se nađem u Njemu, ne imajući svoje pravde koja je od Zakona, nego koja je od vere Isusa Hrista, pravdu koja je od Boga u veri.*

## Kada volite Boga iznad svega ostalog

Isus nas uči u Četiri Jevanđelja o vrstama blagoslova datih onima koji odbacuju sve što imaju i vole Boga iznad svega kao što je apostol Pavle činio. On nam obećava u Jevanđelju po Marku 10:29-30 da će im On dati sto puta onoliko blagoslova na ovom svetu, a na onom svetu život večni.

> *Zaista vam kažem, nema nikoga koji je ostavio kuću, ili braću, ili sestre, ili oca, ili majku, ili ženu, ili decu, ili zemlju, Mene radi i jevanđelja radi, a da neće primiti sad u ovo vreme sto puta onoliko kuća, i braće, i sestara, i otaca, i majki, i dece, i zemlje, u progonjenju; a na onom svetu život večni.*

Izraz „ostaviti kuću, ili braću, ili sestre, ili oca, ili majku, ili ženu, ili decu, ili zemlju, Mene radi i jevanđelja radi" duhovno znači da vi više ne želite ovakve zemaljske stvari, raskidate telesne veze, i iznad svega volite Boga koji je Duh.

Naravno, to što prvo volite Boga ne mora da znači da ne volite druge ljude. U ovome nam 1. Jovanovoj Poslanici 4:20-21 govori: „*Ako ko reče: ,Ja volim Boga', a mrzi svog brata, lažov je; jer koji ne voli brata svog, koga vidi, ne može voleti Boga koga nije video. I ovu zapovest imamo od Njega: Koji ljubi Boga da ljubi i brata svog.*"

Ljudi kažu da roditelji rađaju telo svoje dece. Čovek se formira u materici kombinacijom semena oca i jajne ćelije majke. Međutim, seme i jajnu ćeliju roditelja je napravio Bog Stvoritelj, ne sami roditelji.

Štaviše, vizuelno telo postaje šačica prašine posle smrti. Telo je u stvari samo kuća u kojoj duh i duša borave. Istinski gospodar čovečji je duh, a Lično Bog kontroliše duh. Dakle, mi treba da volimo Boga iznad svega ako shvatamo da nam samo Bog može podariti istinski život, večni život i Nebo.

Ja sam bio na pragu smrti zato što sam sedam godina patio od raznih vrsta neizlečivih bolesti. Čudom sam bio kompletno izlečen kada sam sreo živog Boga. Od tog vremena, ja sam voleo Njega više od svega i On mi je uzvratio mnogim blagoslovima.

Iznad svega, bili su mi oprošteni svi moji grehovi i primio sam spasenje i večni život. Uz to, sve mi je krenulo dobro i ja sam uživao u dobrom zdravlju kako je moja duša napredovala. Kasnije me je Bog pozvao da kao Njegov sluga ispunim svetsku misiju i dao mi snagu.

On mi je otkrio stvari koje će tek da dođu. On mi je takođe poslao mnogo dobrih sveštenika i vernih crkvenih radnika i dozvolio mojoj crkvi da stupnjevito povećava veličinu, tako da mogu da dostignem Božje proviđenje.

U međuvremenu, on me je blagoslovio da me vole i članovi crkve i nevernici. On je vodio moju porodicu da voli Njega više svega i od svih, i od kad su prihvatili Gospoda, kompletno ih je zaštitio od svih vrsta bolesti i nesreća, tako da niko od njih nije uzeo ni jedan lek ili bio hospitolizovan. Ovako, On me je toliko blagoslovio da mi ništa ne nedostaje.

## Ispunjavanje duhovne ljubavi

Ako volite Boga više od svega, vi živite u izobilju zato što vas on vodi pod svim okolnostima i istinska sreća u potpunosti dolazi odozgo u vaše srce.

Kao rezultat, vi delite tu bujnu ljubav sa drugima zato što vas je duhovna ljubav prekrila. Vi možete da volite sve ljude sa večno nepromenljivom ljubavlju zato što u vašoj svesti uopšte nema zla.

Duhovna ljubav je detaljno objašnjena u 1. Poslanici Korinćanima 13:4-7:

*Ljubav dugo trpi, milokrvna je; ljubav ne zavidi; ljubav se ne veliča, ne nadima se; ne čini šta ne valja, ne traži svoje, ne srdi se, ne misli o zlu, ne raduje se nepravdi, a raduje se istini; sve snosi, sve veruje, svemu se nada, sve trpi.*

Danas, ima konflikta, neslagnja, i diskusija u ovom svetu i svađa između muža i žene ili među članovima porodice u mnogim domovima, zato što nema duhovne ljubavi u njima. Uvek ima sukoba i oni ne mogu da izgrade i održe lep i miran dom zato što svako brani svoje pravo da je on ili ona u pravu i samo želi da bude voljen.

Međutim, kada ljudi počnu da vole Boga iznad svega, oni dostižu duhovnu ljubav time što odbacuju telesnu ljubav. Telesna ljubav je prevrtljiva i sebična dok duhovna ljubav poniznog uma stavlja druge na prvo mesto i teži tuđoj koristi pre nego svojoj. Ako imate ovu duhovnu ljubav, vaš dom će zasigurno biti ispunjen srećom i harmonijom.

Kao što je čest slučaj, proganjaju vas članovi vaše porodice ili prijatelji koji ne veruju u Boga onda kada počnete da volite Boga (Jevanđelje po Marku 10:29-30). Ipak, to ne traje dugo. Ako vaša duša dobro napreduje i vi dostignete četvrti nivo vere, proganjanje se pretvara u blagoslove i progonitelji počnu da vas vole i poštuju.

2. Poslanica Korinćanima 11:23-28 objašnjava koliko silno je Apostol Pavle bio proganjan dok je propovedao Jevanđelje za Gospoda. On je mnogo više radio za Boga od ostalih, bio je češće zatvaran, šiban mnogo brutalnije, i izložen smrti ponovo i ponovo. Ipak, Pavle je zahvaljivao i bio je radostan umesto da je osećao ljutnju.

Prema tome, ako dostignete četvrti nivo vere na kome volite Boga više od svega, čak iako trba da hodate kroz dolinu senki smrti, to mesto može biti Raj i proganjanje se uskoro menja u blagoslove zato što je Bog sa vama.

U Jevanđelju po Mateju 5:11-12 Isus nam govori: *„Blago vama ako vas uzasramote i usprogone i kažu na vas svakojake rđave reči lažući, Mene radi. Radujte se i veselite se, jer je velika plata vaša na Nebesima, jer su tako progonili proroke pre vas."*

Zato, vi morate da razumete da ako nevolje i iskušenja dođu

na vas zbog Gospoda, kada ste veseli i drago vam je, nećete samo primiti Božju ljubav, zahvalnost i nagradu u Raju već ćete takođe dobiti sto puta više u sadašnjem životu.

## Plodovi Svetog Duha i blaženstvo

Kada dostignete četvrti nivo vere, vi ćete obilno gajiti devet plodova Svetog Duha i Blaženstvo će doći na vas. Poslanica Galaćanima 5:22-23 nam govori o devet plodova Svetog Duha: *„A rod je duhovni ljubav, radost, mir, trpljenje, dobrota, milost, vera, krotost, uzdržanje; na to nema zakona.“*
Plod Svetog Duha je ljubav Isusa Hrista koja daje vodu neprijatelju kada je žedan i hrani ga kada je gladan. Kada gajite plod radosti, pravi mir i sreća dolaze na vas zato što stremite i pravite samo dobrotu i lepotu. U miru ste i sa svim ljudima u svetosti kada gajite plod mira.

Uz to, vi se stalno molite zahvalni i radosni sa plodom strpljenja čak iako se sretnete sa patnjom i iskušenjima. Sa plodom ljubaznosti, vi praštate neoprostive stvari i ljude, razumete stvari koje ne možete razumeti, i brinete o drugima kako bi oni postali uspešniji od vas. Sa plodom dobrote, vi odbacujete sve vrste zla, težite prelepoj dobroti, i niti zanemarujete niti povređujete osećanja drugih ljudi.

Sa plodom vernosti, vi se potpuno povinujete Reči Božjoj i verni ste Gospodu sve do tačke davanja svog života zato što žudite sa krunom života. Sa plodom nežnosti koji je mekan kao pamuk, možete da okrenete vaš levi obraz kad vas neko ošamari po desnom obrazu, i zagrlite svakoga sa ljubavlju i milošću.

Konačno, sa plodom uzdržanja, vi sledite Bogom dani red

bez tvrdoglavosti i pristrasnosti, i ispunjavate volju Božju na lep i harmoničan način.

Uz to, videćete da se Blaženstva, opisana u Jevanđelju po Mateju 5, koja su neprolazna, nepromenljiva i večna, počinju da dolaze na vas.

Kada obilno gajite plodove Svetog Duha i Blaženstva dođu na vas na ovaj način, vi ste veoma blizu četvrtog nivoa vere na kome ćete biti vođeni u napredak i biće vam date stvari koje imate samo u mislima.

Kako bi stigli do vrha planine, vi morate da se penjete na planinu korak po korak. Na vrhu, vi se osećate prilično osveženo i radosno iako je put bio veoma naporan. Poljoprivrednici rade veoma naporno jer se nadaju obilnoj berbi zato što veruju da mogu da naberu onoliko koliko su se znojili. Na isti način, mi možemo da beremo blagoslove koje nam je Bog obećao u Bibliji kada živimo i istini.

Da imate veru da volite Boga iznad svega tako što ćete odbaciti vaše grehove revnosnom borbom protiv njih i životom po volji Božjoj, i ime našeg Gospoda ja se molim!

Poglavlje 8

# Vera da udovoljite Bogu

1
Peti nivo vere
2
Vera da žrtvujete sopstveni život
3
Vera da se manifestuju čuda i znakovi
4
Biti veran u čitavoj Božjoj kući

*„Ljubazni, ako nam srce naše ne zazire,
slobodu imamo pred Bogom;
i šta god zaištemo, primićemo od Njega,
jer zapovesti Njegove držimo
i činimo šta je Njemu ugodno."*
(1. Poslanica Jovanova 3:21-22)

Roditelji su puni sreće i ponosa na svoju decu kada ih slušaju, poštuju i vole iz dubina njihovih srca. Roditelji ne daju ovakvoj deci samo ono što im potraže, nego ispitujući njihove potrebe pokušavaju da im daju čak i ono što samo žele u njihovim srcima, a ne traže.

Isto tako, kada se povinujete i udovoljavate Bogu, vi ćete dobiti od Njega ne samo ono što tražite, već i ono što želite u srcu zato što je Bog veoma zadovoljan vašom verom i voli vas. Zaista, ništa nije nemoguće kada imate takav odnos sa Njime.

Sada, dozvolite nam da se udubimo u veru koja udovoljava Bogu i načine kojima možemo da je dostignemo.

## 1. Peti nivo vere

Vera da se udovolji Bogu je veća od vere da se voli Bog iznad svega. Šta, je onda, vera da se udovolji Njemu? Okolo nas, vidimo decu koja iskreno vole svoje roditelje, pokoravaju se roditeljskoj volji shvatajući roditeljsko srce u svemu. Šta više, samo onda kada možete da razumete dimenziju ljubavi u kojoj možete udovoljiti roditeljima, možete da razumete i veru koja godi Bogu.

### Kakva vrsta ljubavi može ugoditi Bogu?

U Korejanskim bajkama, ima poslušnih sinova, ćerki ili snaja čiji je čin ljubavi godio roditeljima i čak ganuo Nebesa. Na primer, jedna priča je o sinu koji je brinuo o staroj majci koja je bila bolesna u krevetu. On je učinio sve napore, uzalud, da njegova majka ozdravi.

Jednog dana, sin je čuo da bi njegova stara, bolesna majka mogla da se izleči ako pije krv iz njegovog prsta. Sin je rado isekao svoj prst i dao joj da pije njegovu krv. Onda se njegova majka uskoro oporavila. Naravno, ne postoji medicinski dokaz da ljudska krv može da revitalizuje bolesnu osobu. Međutim, njegova požrtvovana ljubav i iskrenost ganule su Boga i On mu je podario milost, baš kao što jedna Korejanska poslovica kaže: „Iskrenost može da gane Raj."

Postoji još jedna dirljiva priča o sinu koji brine za svoje bolesne roditelje. On je otišao duboko u planinu usred zime, probijajući se kroz iznad kolena duboki sneg, da iskopa retku, tajanstvenu lekovitu biljku i plod, za koje se govorilo da su dobre za njegove bolesne roditelje.

Ima i još jedna priča o mužu i ženi koji su verno služili svojim roditeljima dobru hranu svaki dan, iako su njih dvoje i njihova deca često gladovali.

Šta je sa ljudima iz našeg vremena? Ima onih koji kriju ukusnu hranu kako bi mogli da nahrane svoju decu ali služe roditeljima oskudno i sa odbojnošću. Nikad ne bi rekli da je to ljubav u pravom smislu ako obasipaju ljubavlju svoju decu ali zaboravljaju na roditeljsku milost i ljubav. Oni koji iskreno vole svoje roditelje služiće im dobru hranu, i možda čak pokušati da sakriju da njihova deca gladuju. Da li se vi možete na ovaj način žrtvovati za svoje roditelje?

Zato treba da znamo jasnu razliku između pokorne ljubavi sa radošću i zahvalnošću, i ljubavi koja godi roditeljima. Nije lako naći u prošlosti decu sa tom ljubavlju koja roditeljima godi, a postaje još i teže da se takva deca nađu u današnje vreme zato što je svet danas preplavljen grehom i zlom.

To je slično roditeljskoj ljubavi za koju se kaže da je najuzvišenija i prelepa ljubav. Čak i moja majka, koja me je mnogo volela, rekla je dok je gorko plakala: „Bolje je da brzo umreš." Tako ćeš me ispoštovati," zato što sam bio bolestan mnogo godina i nije bilo nade za moj oporavak.

Međutim, kako Bog ljubavi pokazuje Svoju ljubav nama? On nam je dao ne samo Svog jedinog Sina i dopustio Mu da umre na krstu kako bi otvorio put spasenja i Raja, već i Svoju beskrajnu ljubav.

U mom slučaju, od kako sam upoznao Boga, uvek sam osećao i bio svestan Njegove obilne ljubavi tako da sam mogao da razumem Njegovu ljubav iz dubine svog srca i brzo narastao do pune mere vere. Počeo sam da Ga volim više od svega, a i da imam Bogougodnu veru.

### Imati Bogo-ugodnu veru

U Psalmu 37:4, Bog nam obećava: „*Teši se GOSPODOM, i učiniće ti šta ti srce želi.*" Ako ugodite Bogu, On ne samo da će dati sve što tražite, već i ono što želite u vašem srcu.

Kada sam se spremao da otvorim svoju crkvu, imao sam samo 10 US $. Ipak, Bog me blagoslovio da iznajmim zgradu od skoro

900 kvadratnih stopa i osnujem crkvu kada sam se molio u veri. Bog je takođe, od samog početka, dao mojoj crkvi veliki preporod i dobru meru blagoslova, sabijene, stresene i kuljajuće kada sam se molio sa velikom vizijom i snom za svetsku misiju.

Isto tako, sve je moguće za vas kada imate Bogo-ugodnu veru zato što nas Isus u Jevanđelju po Marku 9:23 podseća: „,,*Ako možeš verovati?' Sve je moguće onome koji veruje.*" Takođe, kao što je spomenuto u Knjizi Ponovljenih Zakona 28, vi ćete biti blagosloveni kada uđete i kad izađete, pozajmićete mnogima ali od nikog nećete uzajmiti, i Bog će vas učiniti prvim. Osim toga, znaci će vas pratiti kao što se zasigurno tvrdi u Jevanđelju po Marku 16.

Isus vam takođe obećava nezamislive blagoslove u Jevanđelju po Jovanu 14:12-13. Pročitajmo zajedno ove stihove da vidimo koji blagoslovi će vas pratiti kada udovoljite Boga u veri:

*Zaista, zaista vam Ja kažem, onaj koji veruje u Mene, dela koja Ja tvorim i on će tvoriti, i veća će od ovih tvoriti; jer ja idem k Ocu Svom. I šta god zaištete u ime Moje, ono ću vam Ja učiniti, da se proslavi Otac u Sinu.*

## Blagoslovi dati Enohu

U Bibliji vidimo mnoge praoce vere koji su ugodili Bogu. Među njima, kako je Enoh, spomenut u Poslanici Jevrejima 11, ugodio Bogu i koje je blagoslove dobio?

*Verom bi Enoh prenesen da ne vidi smrt; i ne nađe se, jer ga Bog premesti, jer pre nego ga premesti, dobi svedočanstvo da ugodi Bogu. A bez vere nije moguće ugoditi Bogu, jer onaj koji hoće da dođe k Bogu, valja da veruje da ima Bog i da plaća onima koji Ga traže* (stihovi. 5-6).

Postanak 5:21-24 oslikava Enoha kao onoga koji je ugodio Bogu zato što se posvetio u 65.god. i bio veran u čitavoj Božjoj kući. Enoh je hodao sa Bogom 300 godina, deleći ljubav s Njim i nije video smrt zato što ga je Bog uzeo. On je bio toliko obilno blagosloven da sada boravi pored Božjeg prestola, deleći ljubav s Njim do najvišeg stepena.

Slično tome, moguće je biti odnesen na Nebo a ne videti smrt ako posedujete Bogo-ugodnu veru. Prorok Ilija takođe nije video smrt nego je odveden na Nebo zato što je svedočio živom Bogu i spasao mnoge ljude pokazujući im zadivljujuća dela moći sa Bogo-ugodnom verom.

Da li verujete da Bog postoji i da On nagrađuje one koji Ga iskreno traže? Ako imate takvu veru, jedino vam pristaje da budete potpuno posvećeni i da položite čak i svoj život da bi ispunili vaše Bogom dane dužnosti.

## 2. Vera da žrtvujete sopstveni život

Isus nam naređuje u Jevanđelju po Mateju 22:37-40 na sledeći način:

*„Ljubi Gospoda Boga svog svim srcem svojim, i svom dušom svojom, i svom misli svojom." Ovo je prva i*

*najveća zapovest. A druga je kao i ova: „Ljubi bližnjeg svog kao samog sebe." O ovima dvema zapovestima visi sav Zakon i Proroci.*

Kao što Isus kaže, Ljudi koji vole Boga udovoljavaju Mu ali ne samo time što vole Boga svim srcem svojim,dušom i mislima nego i time što vole svoje bližnje kao samoga sebe. Vi ovu Bogougodnu veru možete nazvati „Hristova vera" ili „kompletna duhovna vera" zato što je ova vera dovoljno čvrsta da čak možete da nesebično date svoj život za Isusa Hrista.

### Vera da žrtvuje Njegov život za volju Božju

Isus se potpuno povinovao da ugađa Božjoj volji. On je bio razapet na krst, postao prvi plod vaskrsnuća i sada sedi pored Božjeg trona, sve ovo zbog toga što je On imao veru da u celosti žrtvuje Sebe do tačke polaganja Svog života, dalje od potpunog pokoravanja. Međutim, Bog svedoči Isusu, govoreći: *„Ovo je Sin moj ljubazni koji je po mojoj volji"* (Jevanđelje po Mateju 3:17, 17:5), i *„Sluga moj, koga sam izabrao; Ljubazni moj, koji je po volji duše moje"* (Jevanđelje po Mateju 12:18).

Kroz istoriju crkve, bilo je mnogo praotaca u veri koji su nesebično dali svoje živote, kao što je Isus učinio, kako bi ugodili Božjoj volji. Pored Petra, Jakova, i Jovana koji su pratili Isusa sve vreme, mnogi drugi su položili svoje živote za Isusa Hrista bez oklevanja ili ustručavanja. Petar je umro na krstu naopako obešen; Jakovu je odrubljena glava; a Jovan je bio stavljen u ključalo ulje u čelično bure, ali nije umro pa je prognan na ostrvo Patmos.

Slaveći Boga, mnogi su hrišćani umrli u Koloseumu u Rimu kao plen lavova. Mnogi drugi su se čvrsto držali vere živeći čitav život u Katakombama, „podzemnom groblju" bez da ikad vide svetlost sunca. Bog je bio zadovoljan njihovom verom zato što su živeli po Biblijskim naredbama, po sledećem: „*Jer ako živimo, Gospodu živimo; a ako umiremo, Gospodu umiremo. Ako, dakle, živimo, ako umiremo, Gospodnji smo*" (Poslanica Rimljanima 14:8).

U 1992.god., počeo sam da krvarim iz nozdrva zbog prekomernog rada, neispavanosti i premora. Činilo se da je skoro sva moja krv istekla iz mog tela. Kao ishod, uskoro sam bio u kritičnom stanju. Postepeno sam izgubio svest i na kraju sam stigao do praga smrti.

U to vreme, osećao sam da ću uskoro biti u Isusovim rukama ali nisam imao nameru da se oslonim na medicinski tretman. Nikada nisam razmišljao da posetim doktora zbog mog krvarenja iz nosa. Čak i kada sam se suočio sa smrću nisam išao u bolnicu ili se oslonio na ikakve svetovne lekove, zato što sam verovao u svemogućeg Boga mog Oca. Moja porodica i članovi crkve nisu me silili da se lečim u bolnici. Oni su me poznavali dobro i znali su da samu potpunosti posvetio svoj život Bogu, a ne svetu ili nekom čoveku.

Čak iako sam bio bez svesti od obilnog krvarenja, moja duša je zahvaljivala Bogu zbog činjenice da sam u mogućnosti da se privijem u Isusovim rukama i odem na večni odmor. Moja jedina nada je bila da sretnem Gospoda Isusa.

Međutim, Bog mi je u viziji pokazao šta će se desiti mojoj crkvi nakon moje smrti. Neki ljudi će ostati u mojoj crkvi, održavaće svoju veru, dok će se mnogi drugi okrenuti ka svetu, tako što će napustiti Boga i zgrešiti protiv Njega.

Pošto što sam video ovo, nisam mogao da se odmaram u Isusovim rukama. Umesto toga, iskreno sam zamolio Boga da me ojača zato što sam osetio najdublju tugu zbog onih koji se okreću svetu. Onda, uz pomoć Božju koji me je izlečio, podigao sam iz kreveta i odmah seo, iako sam zamalo umro i pobledeo kao sneg.

Nakon što sam povratio svest, video sam mnogo članova crkve koji su prolivali suze radosnice. Kako da ne budu dirnuti nakon što su iskusili Božje neverovatno i moćno delo oživljavanja mrtve osobe?

Na ovaj način, Bog je zadovoljan onima koji pokazuju svoju veru da nesebično polože čak i svoje živote, i odgovara im brzo. Zarad mučenika iz ranih crkava, jevanđelje se brzo raširilo kroz ceo svet. Čak i u Koreji, krv mučenika je pomogla brzom širenju jevanđelja.

### Vera povinovanja svoj volji Božjoj

U 1. Poslanica Solunjanima 5:23 NKJV čitamo: *„A sam Bog mira da posveti vas cele u svačemu; i ceo vaš duh i duša i telo da se sačuva bez krivice za dolazak Gospoda našeg Isusa Hrista."* Ovde, „ceo duh" odnosi se na stanje da se u potpunosti dostigne savršenstvo srca Isusa Hrista.

Čovek celog duha je onaj koji živi samo po volji Božjoj zato što uvek može da čuje glas Svetog Duha i njegovo srce postaje sama istina tako što potpuno prepoznaje Božju Reč. Vi možete da postanete čovek duha i dostignete Isusov stav kada ste potpuno posvećeni odbacivanjem svake vrste zla boreći se protiv greha koji je nađen u vama.

Šta više, kada duhovni čovek nastavi da se oprema Božjom Rečju, istina potpuno vlada ne samo vašim srcem već i celim vašim životom.

Vi onda možete ovu vrstu vere da zovete „kompletna vera" ili „savršena duhovna vera Isusa Hrista." Vi ste sposobni da dostignete takvu veru kada imate iskreno srce kao što je opisano u Poslanici Jevrejima 10:22: *„Da pristupamo s istinim srcem u punoj veri, očišćeni u srcima od zle savesti, i umiveni po telu vodom čistom."*

Međutim, to ne znači da možete biti jednaki sa Isusom Hristom čak iako bi ste imali Isusov stav i veru Hristovu. Pretpostavimo da sin poštuje svoga oca veoma mnogo i pokušava da liči na njega. On možda liči na oca po karakteru ili ličnosti ali nikad ne može biti njegov otac.

Na isti način, vi nikada nećete biti isti kao Isus Hrist. On je utvrdio duhovni red u Jevanđelju po Mateju 10:24-25, kao što sledi: *„Nema učenika nad učiteljem svojim ni sluge nad gospodarom svojim. Dosta je učeniku da bude kao učitelj njegov i sluzi kao gospodar njegov."*

Šta ćemo sa odnosom između Mojsija koji je izveo Izraelce iz Egipta, i Jakova koji je nasledio Mojsija i vodio narod u Hanan? Mojsije je razdvojio Crveno more i izveo vodu iz stene, ali Jakov nije bio ništa manji nego Mojsije u izvođenju Božjih čuda: on je napravio da tok reke Jordan stane u vreme poplave, da se sruši Jerihon, i da sunce i mesec stanu na skoro ceo dan. Uprkos tome, Jakov nije mogao da bude iznad Mojsija koji je licem u lice, jasno razgovarao sa Bogom a ne u zagonetkama.

Na ovom svetu, student može biti iznad svog nastavnika ali to je nemoguće u duhovnom kraljevstvu. Ovo je zato što je duhovno kraljevstvo dostižno samo sa Božjom pomoći a ne sa nekim knjigama ili svetovnim znanjem. Zato, onaj koga je duhovno disciplinovao duhovni učitelj neće biti iznad svog učitelja koji razume i radi stvari u Božjoj milosti.

U Bibliji, Jelisej je dobio dvostruki deo Ilijinog duha i izveo je više čuda ali je bio manji od Ilije koji je bio živ podignut u Raj. Takođe tokom ranih dana crkve, Timotije je uradio mnogo stvari za Gospoda Isusa ali nije mogao da bude iznad svog učitelj, Apostola Pavla.

Zato što nema granica u duhovnom kraljevstvu, niko ne može da izmeri potpuno njegovu dubinu. Zbog toga možete da znate o tome samo kroz Božje učenje, a ne vi sami. To je isto sa činjenicom da vi ne znate koliko je dubok okean ili koje vrste biljki i sisara žive na njegovom dnu. Ipak, možete da vidite mnogo raznobojnih riba i biljaka kada odete u dubine okeana. Šta više, možete da vidite misterije okeana koliko god želite kada dublje istražujete. Isto tako, koliko dublje uđete u duhovno kraljevstvo, više ćete o njemu naučiti.

Bog Lično me uči i dozvoljava mi da razumem duhovno kraljevstvo kako bih dostigao dublji nivo duhovnog kraljevstva. On me je takođe vodio da i sam iskusim duhovno kraljevstvo. Na ovaj način On me upravlja i uči me detaljno o meri vere i koristi me da vodim više ljudi da dostignu dublji nivo duhovnog kraljevstva. Znajući ovo, vi treba da ispitate sebe pažljivije i da pokušate da dostignete zreliju veru.

## 3. Vera da se manifestuju čuda i znakovi

Ako imate potpunu veru pošto se istina kompletno nastani u vašem srcu, vi ćete nagomilati molitve dok stremite da živite po volji koja ugađa Bogu. Ovo je zato što treba da dobijete moć da spasite što više duša, od kojih svaku Bog smatra vrednijom od univerzuma.

Zašto je Isus bio razapet? On je hteo da spase izgubljene duše koje lutaju na putu greha i napravi od njih Božju decu.

Zašto je Isus rekao: „Ja sam žedan" dok je bio obešen na krstu i krvario satima pod jarkim suncem? Ovom primedbom, Isus nam nije tražio da utolimo Njegovu fizičku žeđ koja je bila rezultat prolivanja sve Njegove krvi, već da olakšamo Njegovu duhovnu žeđ plaćanjem naknade za Njegovu krv. To je bio iskreni apel za nas da spasimo izgubljene duše i odvedemo ih u Isusove ruke.

### Spasiti mnoge ljude sa moći

Kada neko dostigne peti nivo vere na kome ugađa Bogu, on se iskreno premišlja: „Kako mogu da vodim mnogo ljudi ka Isusovim rukama? Kako ja da proširim Božje kraljevstvo i pravednost?" i ustvari radi najbolje kako bi ispunio to. Zato, on pokušava da udovolji Bogu ispunjavajući druge zadatke, uz potpuno ispunjavanje svojih Bogo- ugodnih dužnosti.

Ipak, čak i takav posvećeni pojedinac nije sposoban da udovolji Bogu bez da primi moć zato što, kao što nas podseća 1. Poslanici Korinćanima 4:20: „*Jer carstvo Božije nije u reči nego u sili.*"

Kako možete da dobijete moć da povedete mnogo ljudi ka putu spasenja? Vi možete da je dobijete samo kroz neprestanu molitvu. To je zato što se spašavanje duša ne postiže kroz ljudsku priču, znanje, iskustvo, reputaciju ili autoritet, već samo kroz moć koja je data od Boga.

Dakle, oni na petom nivou vere moraju revnosno da nastave da se mole da bi dobili moć sa kojom mogu da spasu što više duša.

### Kraljevstvo Božje je pitanje moći

Jednom sam sreo pastora koji nije bio samo plemenitog srca već je pokušavao i da ispuni svoju dužnost i molio se da živi po Reči Božjoj, ali nije ubirao onoliko plodova koliko je očekivao. Šta je razlog? Da je iskreno voleo Boga, on bi potčinio sav svoj um, želje, život, čak i razum Bogu, ali on to nije učinio. Trebalo je da razume da je on sam još uvek gospodar svog života, umesto da dozvoli Bogu da ga vodi.

Bog nije mogao da radi za njega jer taj pastor nije u potpunosti zavisio od Boga i izvršavao svoj zadatak, već se oslanjao na sopstveno znanje i misli. Dakle, on nije mogao na manifestuje delo Božje koje je iznad ljudske sposobnosti, iako je video rezultat svog napora.

Zato treba da se molite, da čujete glas Svetog Duha i da vas nadgleda Sveti Duh, umesto da se oslanjate na ljudsku misao, znanje i iskustvo dok ste u Božjoj službi. Samo onda kada postanete čovek istine i potpuno vas nadzire Sveti Duh, vi ćete iskusiti čudesna dela manifestovana Njegovom moći koja dolazi odozgo.

Međutim, kada se oslonite na ljudsku misao i teoriju, čak iako mislite da znate Božju Reč, molite se, i dajete sve od sebe da ispunite svoju dužnost, Bog nije sa vama zato što je taj stav arogantan u Božjim očima. Vi zato morate potpuno da odbacite grešnu prirodu, revnosno se molite da budete savršena duhovna osoba, i tražite Božju moć, shvatajući zašto je Apostol Pavle priznao: „Ja umirem svaki dan."

### Ako se molite u nadahnuću Svetog Duha

Svako ko je prihvatio Gospoda Isusa treba da se moli zato što je molitva duhovni dah. Ipak, srž molitve razlikuje se na raznim nivoima vere. Onaj koji je na prvom ili drugom nivou vere moli se uglavnom za sebe i on jedva da može da se moli desetak minuta zato što nema mnogo stvari za koje treba da se moli.

Takođe, on se ne moli sa verom iz dubine srca čak iako se moli za Božje kraljevstvo i pravednost. Međutim, kada uđe u treći nivo vere, on je sposoban da se moli za Božje kraljevstvo i Njegovu pravednost, ne tražeći nešto za sebe.

Uz to, kako će se on moliti kada jednom uđe u četvrti nivo? Na ovom nivou, on se moli samo za Božje kraljevstvo i pravednost zato što je u potpunosti odbacio i dela i želju grešne prirode.

On ne mora da se moli da se oslobodi svojih grehova zato što već živi po Reči Božjoj. On traži od Boga druge stvari koje su iznad i izvan njegove porodice i njega samog: spasenje mnogih ljudi, širenje Božjeg kraljevstva i pravednosti, i njegove crkve, radnika crkve, i sve braće i sestara u veri. On se stalno moli zato što je svestan da ne može da spasi ni jednu dušu ako nije dobio moć od Boga odozgo. On se takođe revnosno moli svim svojim srcem, dušom, mislima, i snagom za Božje kraljevstvo i pravednost.

Šta više, ako dostigne peti nivo vere, on nudi molitvu koja može da ugodi Bogu i molitvu zahvalnosti koja može da gane čak i Boga na Njegovom tronu.

U prošlosti bi mu oduzelo prilično vremena da se moli u ispunjenosti Svetim Duhom, a sada on može da oseti da se njegova molitva uspinje u Nebo sa inspiracijom Svetog Duha u momentu kada klekne da se pomoli.

Teško je kada se molite da odagnate vaše grehove. Ali, nije teško kada se molite sa verom da dobijete Božju moć da spasite mnogo duša i ugodite Bogu, i sa žarkom ljubavlju za Gospoda.

## Pokazivanje čudesnih znakova i čuda

Mnogi čudesni znakovi i čuda se manifestuju kroz osobu kada ona nastavi da se sa žarkom ljubavlju revnosno moli da dobije moć Božju. Ovo je dovoljno da potvrdi da on ima veru koja ugađa Bogu.

Isus je izvodio mnogo čudesnih znakova i čuda tokom Njegovog službovanja, kao što se govori u Jevanđelju po Jovanu 4:48: „*Ako ne vidite znaka i čudesa, ne verujete.*" To je zato što je Isus svedočenjem živom Bogu mogao lako da vodi ljude da imaju veru u Boga pokazujući im natprirodne znakove i čuda.

U naše doba, Bog takođe odabira dolične ljude i dozvoljava im da izvode znakove i čuda, pa čak i veće stvari nego što je Isus radio (Jevanđelje po Jovanu 14:12). Samo u mojoj crkvi, nebrojani znakovi i čuda su manifestovani.

Sada nam dozvolite da razmotrimo znakove i čuda manifestvovana kroz one koji imaju Bogougodnu veru. Prvo, kada je izvedena i prikazana Božja moć, koja je van ljudskih sposobnosti, mi to zovemo „znak." Na primer, slep progleda, mutav progovori, gluv pročuje, nepokretan prohoda, kraća noga je produžena, iskrivljena kičma je ispravljena, a dečija paraliza ili cerebralna paraliza postaje normalna.

O znakovima, Isus nam govori u Jevanđelju po Marku 16:17-18:

*„A znaci onima koji veruju biće ovi: imenom mojim izgoniće đavole; govoriće novim jezicima; uzimaće zmije u ruke, ako i smrtno šta popiju, neće im nauditi; na bolesnike metaće ruke, i ozdravljaće."*

Ovde, „onima koji veruju" stoji za one ljude koji imaju veru oca. Znakovi koji prate „one koi veruju" mogu biti svrstavani u pet kategorija i njih ću detaljno razraditi u sledećem poglavlju.

Drugo, među mnogim delima Božjim, „čudo" je kada neko menja vreme što uključuje pomeranje oblaka, dozvolu nebesima da puste ili zaustave kišu, pomeranje nebeska tela, i slično.

Prema Bibliji, Bog je poslao gromove i kišu kada se Samuilo molio (1. Knjiga Samuelova 12:18). Kada je Prorok Isaija pozvao Boga, mi znamo: *„i vrati GOSPOD sen za deset koljenaca"* (2. Knjiga Kraljevima 20:11). Takođe, Ilija: *„pomoli se Bogu da ne bude dažda, i ne udari dažd na zemlju za tri godine i šest meseci. A i opet se pomoli i nebo dade dažd"* (Poslanica Jakovljeva 5:17-18).

Isto tako, Bog ljubavi vodi ljude na put spasenja pokazivajući im dirljive i neverovatne znakove i čuda kroz ljude koje On smatra doličnim. Zato, vi treba da čvrsto verujete u Božju Reč zapisanu u Bibliji i pokušati da dostignete veru koja ugađa Bogu.

### 4. Biti veran u čitavoj Božjoj kući

Ljudi na prvom ili drugom nivou vere mogu da privremenu uđu u stanje petog nivoa vere. To je zato što kada prvi put prime Svetog Duha, oni su ispunjeni Svetim Duhom toliko mnogo da se ne plaše čak ni smrti, već postaju puni hvale, revnosno se mole, proklamuju jevanđelje i posećuju svaku crkvenu službu. Oni dobijaju sve što potraže zato što su na četvrtom ili petom nivou vere iako je njihovo iskustvo samo privremeno. Kada izgube ispunjenost Svetim Duhom, oni se uskoro vraćaju na njihov sopstveni nivo vere.

Ipak, ljudi u petom nivou vere nikada se ne menjaju. To je zato što su oni uvek potpuno ispunjeni Svetim Duhom pa mogu da potpuno kontrolišu i upravljaju svojim mislima, i ne žive kao što žive ljudi sa prvim ili drugim nivoom vere. Pored toga, oni ustvari ugađaju Bogu time što su verni u čitavoj Božjoj kući.

Brojevi 12:3 nam Mojsije govori: *"A Mojsije beše čovek vrlo krotak mimo sve ljude na zemlji,"* a stih 7 beleži: *"Ali nije takav moj sluga Mojsije, koji je veran u svem domu mom."* Ovime, mi znamo da je Mojsije bio na petom nivou vere u kome je mogao da ugodi Bogu.

Šta znači to: „biti veran u svoj Božjoj kući"? Zašto Bog priznaje samo one koji su kao Mojsije verni u svoj Njegovoj kući kao ljude sa Bogougodnom verom?

## Značenje vernosti u čitavoj Božjoj kući

Onaj „koji je veran u svoj Božjoj kući" ima Hristovu veru, ili „kompletnu duhovnu veru"; on čini sve sa stavom Isusa Hrista. On čini sve sa srcem Hrista i sa srcem duha, bez da se oslanja na svoje misli ili razum.

Pošto je postigao naum dobrote, Hristov način mišljenja, on se ne svađa i ne viče, i on ne lomi stučenu trsku i ne gasi zapaljeno svetlo (Jevanđelje po Mateju 12:19-20). Takav čovek je razapeo grešnu prirodu zajedno sa njenim žudnjama i željama kako bi bio verom ispunjen u svim svojim dužnostima.

On nema nimalo „ličnosti" ostavljene u sebi već samo srce Hrista – srce duha – zato što je odbacio sve svoje telesne stvari. On nimalo ne brine za ovozemaljsku čast, moć i bogatsvo.

Umesto toga, njegovo srce je preplavljeno nadom za večna dobra: kako će biti sposoban da postigne kraljevstvo Božje i Njegovu pravednost dok živi na ovom svetu; kako će biti veiličanstvena osoba na Nebu i kako će biti voljen od Gospoda Oca; i kako će živeti srećno zauvek sakupljajući velike nagrade u Raju. Zbog toga, on može biti veran u svim svojim dužnostima zato što samo revnost i iskrenost da postigne kraljevstvo Božje i pravednost bujaju iz dubina njegovog srca.

Ima razlika u meri pobožnosti među ljudima koji postignu Božje kraljevstvo i njegovu pravednost. Ako on sprovodi samo poverenu mu dužnost, to jedva da je ispunjenje njegove lične odgovornosti.

Na primer, kada vi unajmite nekoga, date mu dnevnicu, i on

uradi posao za koji je iznajmljen i plaćen, mi ne kažemo da je on „veran u celoj kući" čak iako dobro završi posao. Pod „biti veran u celoj kući", osoba ne samo da dobro ispunjava dat zadatak, nego iskreno i bez štednje svojih materijalnih dobara prekomerno radi i više od jednostavnog izvršavanja datog zadatka. Zato ne možete biti priznati kao „verni u celoj Božjoj kući" čak iako ste odagnali sve grehe time što se borite protiv njih do tačke prolivanja svoje krvi u velikoj ljubavi prema Bogu i ispunili svoju dužnost u potpunosti sa posvećenim srcem. Vi možete biti priznati kao „verni u celoj Božjoj kući" samo ako ste potpuno posvećeni i ispunjavate svoje dužnosti neizmerno dobro i preko svojih odgovornosti sa Hristovom verom, a to je povinovanje do tačke smrti.

### Biti veran u celoj Božjoj kući

Vi ste na četvrtom nivou vere kada volite Isusa Hrista do krajnjeg stepena i posedujete duhovnu ljubav kao što je opisano u 1. Korinćanima Poslanica 13, i gajite plodove Svetog Duha kao što je dato u Poslanici Galaćanima 5. Povrh toga, vi ste u stanju da steknete Bogo-ugodnu veru kad dostignete Blaženstvo Mateja 5 i vernost u celoj Božjoj kući. Zašto je ovo tako?

Postoji razlika između ljubavi kao ploda Svetog Duha i ljubavi koja je definisana u 1. Korinćanima Poslanica 13. Ljubav u 1. Korinćanima Poslanica 13 je definicija duhovne ljubavi, dok se ljubav kao plod Svetog Duha odnosi na beskonačnu ljubav koja ispunjava zakon.

Zato, ljubav kao plod Svetog Duha pokriva veći spektar nego

što to čini ljubav opisana u 1. Korinćanima Poslanica 13. Drugim rečima,kada se žrtva Isusa Hrista koji je ispunio zakon sa ljubavlju na krstu doda ljubavi iz 1. Poslanica Korinćanima 13, to može biti nazvano „ljubav kao plod Svetog Duha."

Radost dolazi odozgo sa mirom i duhovnim veseljem zato što telesne stvari u vama nestaju isto toliko koliko u vama sazreva duhovna ljubav. Za vas je jedino razumno da postanete ispunjeni radošću kada ste ispunjeni samo dobrim stvarima jer vidite, čujete i mislite samo o dobrim stvarima.

Vi ne mrzite nikoga zato što u vama nema mržnje. Vi ste preplavljeni radošću zato što bi pre služili drugima, pružili im dobre stvari i pravili žrtve za njih. Iako živite u ovom svetu, vi u postizanju svojih ciljeva ne težite telesnim stvarima; umesto toga vi ste ispunjeni nebeskom nadom, misleći o tome kako da proširite Božje carstvo i Njegovu pravednost i udovoljavajući Mu tako što spasavate još ljudi. Vi možete živeti u slozi sa svojim komšijama zato što uživate istinsku sreću i imate miran um da brinete o njima onoliko koliko na vas dolazi radost.

Šta više, možete biti strpljivi sa nebeskom nadom onoliko koliko ste u miru sa drugima. Vi možete biti obzirni prema drugima zato što možete saosećati sa njima isto toliko koliko ste strpljivi. Vi stičete dobrotu zato što se ne svađate ili vičete, ne lomite nagnječenu trsku i ne gasite upaljenu lampu ako imate dobrotu. Ljudi sa dobrotom mogu biti duhovno verni zato što su već odbacili sebičnost.

Pored toga, mera vernosti se razlikuje među onima koji su verni, u odnosu na to na kom se polju nalazi srce svakog ponaosob. Što više blagosti neko ima, veću meru vernosti on postiže. Vi možete videti koliko je neko blag ako je on veran u celoj Božjoj kući. On verno ispunjava sve dužnosti u kući i na poslu, u odnosima sa drugima i u crkvi. Zato, Mojsije, koji je bio najskromniji čovek na kugli zemaljskoj, može biti veran u svakoj dužnosti kaja mu je data.

Dalje, kako vi možete biti savršeni bez samokontrole? Vi ćete biti verni u celoj Božjoj kući sa samokontrolom, zato što je bez nje nemoguće biti dobro usklađen na svakom planu. Zato, vi ne možete biti verni u celoj Božjoj kući, bez ploda samokontrole čak iako gajite ostalih osam plodova Svetog Duha.

Na primer, kažimo da se sastajete sa prijateljem na nekom drugom mestu nakon sastanka vaše ćelijske grupe. Bilo bi veoma nepristojno prema vašem prijatelju ako vi otkažete ili promenite vreme preko telefona ne zato što se sastanak otegao, nego zato što ste ostali posle sastanka da bi proćaskali sa ljudima u grupi. Po istom kalupu, kako vi možete biti verni u celoj Božjoj kući ako ne možete da održite malo obećanje ili ispunite ovakvo delo, bez da gajite plod samokontrole. Morate da shvatite da ćete biti verni u celoj Božjoj kući samo kad je vaš život u ravnoteži sa plodom samokontrole.

### Duhovna ljubav, plod Duha i Blaženstva

Blaženstva dolaze na vas u onolikoj meri koliko vi imate duhovnu ljubav i plod Svetog Duha, i koliko ih upotrebljavate. Blaženstva se odnose na nečiji karakter kao sud, i vi možete biti savršeno verni u celoj Božjoj kući samo kada vas Blaženstva potpuno prekriju tako što u potpunosti odradite i preživite ono što gajite u srcu.

Kroz većinu Korejske istorije, lojalni kraljevski savetnici

prihvatali su državne poslove kao svoje lične. Na ovaj način, ovi savetnici bili su u stanju da služe kraljevima i pomognu im u da donesu ispravne odluke, čak iako je to ponekad značilo veliku ličnu patnju ili čak smrt. Oni ne samo da su voleli svoje kraljeve, nego su i voleli celu zemlju kao što su voleli sebe, i tako se i ponašali.

Sa jedne strane, ovi odani savetnici takođe su služili svojim kraljevima do kraja čak i rizikujući sopstvene živote. Sa druge strane, neki savetnici su bili naizgled lojalni svojim kraljevima ali su davali ostavku i živeli povučeno kad kralj ne posluša njihov iskren i ponovljeni savet i konsultaciju. Ipak, istinski kraljevski savetnici i podanici se nisu tako ponašali. Oni su bili lojalni kralju do kraja čak i kad bi ih kralj ignorisao i odbacio njihov savet. Njihov kralj je mogao da ih odbaci, odbaci njihov savet ili da ih obesčasti bez razloga. Ipak, oni se nisu ljutili na kralja i nisu menjali svoje mišljenje čak i kad je trebalo da izgube život.

### Čovečji karakter kao posuda i karakter čovečjeg srca

Da bi jasno razumeli šta znači „biti veran u celoj Božjoj kući," dozvolite nam da prvo razmotrimo čovečji karakter kao sud i karakter srca pojedinca.

Mera nečijeg karaktera kao posude se razlikuje od osobe do osobe, u zavisnosti koliko gaji svoje srce u ono dobro, ili koliko menja svoje srce u milo srce. Zato, nečiji karakter kao posuda je određen time da li ili ne radi šta mu je rečeno, ili da li se povinuje ili ne.

Onda, šta čini značajnu razliku u nečijem karakteru kao posuda? To zavisi od toga kako i sa kakvim srcem neko reaguje prema Reči Božjoj i koliko odrađuje ono što neguje u svom srcu. Otuda, neko ko je dobar sud sakuplja blago Reči Božje i promišlja je duboko u svom srcu kao što je i Marija uradila: „*A Marija čuvaše sve reči ove i slagaše ih u srcu svom*" (Jevanđelje po Luki 2:19).

Karakter nečijeg srca varira u zavisnost od toga kako širi svoj um u sprovođenju svoje dužnosti ili kako merodavno koristi svoje misli u izvođenju svoje dužnosti. Sa primerom različitih načina kojima ljudi odgovaraju u istoj situaciji, ja ću svrstati ljudska dela koja potiču od različitih karaktera srca u četiri kategorije.

Prva osoba radi mnogo više nego što mu je naređeno da uradi. Na primer, kada roditelji kažu svom detetu da pokupi komadić đubreta sa poda, on ne samo da počisti pod već i obriše prašinu, očisti svaki ćošak sobe, i isprazni kantu za đubre. Ovo dete pričinjava svojim roditeljima radost i zadovoljstvo jer čini stvari koje su preko roditeljskih očekivanja. Koliko mnogo će ga voleti roditelji? Đakoni Stefan i Filip bili su takve ličnosti. Oni su bili slobodnoumni ljudi tako da su oni mogli da izvode velike neverovatne znakove i čuda među ljudima kao što su Apostoli radili (Dela Apostolska 6).

Druga osoba radi samo ono što mu je naređeno da radi. Na primer, ako dete pokupi samo taj komadić đubreta sa poda shodno sa roditeljskim naređenjem, on će biti možda omiljen kod roditelja pošto im se povinovao ali im možda nije udovoljio.

Treća osoba ne radi ono što bi trebalo. On je tako hladnog srca i ravnodušan da se uznemiri čak i kad mu se kaže da odradi određeni zadatak. Ovakvi ljudi, koji tvrde da vole Boga ali se ne mole niti vode računa o Isusovim ovcama, pripadaju ovoj grupi.

U jednom od isusovih stihova, sveštenik i Levićanin koji su prošli pored opljačkanog čoveka na drugoj strani puta, takođe pripadaju ovoj grupi (Jevanđelje po Luki 10). Zbog toga što ovakvi ljudi nemaju ljubav, oni možda rade ono što Bog najviše mrzi, a to je biti arogantan, počiniti preljubu i izdati Njega. Poslednja osoba stvari čini gorim i u stvari ometa da zadatak bude ispunjen. Bilo bi bolje za njega da na prvom mestu i ne počinje sa ovim zadatkom. Ako postoji dete koje razbije saksiju za cveće kad se naljuti na roditelje zato što mu je rečeno da pokupi đubre, on pripada ovoj grupi.

## Velikodušno srce i vernost u celoj Božjoj kući

Baš kao što sam i objasnio četiri kategorije nečijeg karaktera, pojedincu može biti priznato da ima veliki sud kada obavlja svoju dužnost preko onoga što se očekuje od njega. To je zato što nečija veličina kao suda zavisi od toga koliko on širi svoj um nadom i koliko iskreno stremi. To je isto kao kad učini bilo šta u crkvi, na poslu ili kući.

Zato, kada je nekome dat određeni zadatak, ako se povinuje sa „Amin," on može biti smatran čovekom velikog suda. Osoba može biti priznata kao neko sa velikodušnim srcem kada se ne samo povinuje onome što mu je zadato već to i ispuni nad svim očekivanjima sa iskrenošću i širokih pogleda. U ovom smislu, biti veran u celoj Božjoj kući odnosi se na meru velikodušnosti. Iskrenost varira sa merom velikodušnosti.

Dozvolite nam da istražimo neke ljude koji su bili verni u celoj Božjoj kući. U Brojevima 12:7-8 razumete koliko je Bog voleo Mojsija, koji je bio veran u celoj Njegovoj kući. Ovi stihovi nam govore koliko je važno biti veran u celoj Božjoj kući:

> *Ali nije takav moj sluga Mojsije, koji je veran u svem domu mom; njemu govorim iz usta k ustima, i on me gleda doista, a ne u tami niti u kakvoj prilici GOSPODNJOJ. Kako se dakle ne pobojaste vikati na slugu mog, na Mojsija?*

Mojsije nije imao samo stalnu ljubav i nepromenljivo srce za Boga, već je imao isti stav za svoj narod i porodicu, i izvršavao je svoje zadatke bez da je ikada promenio svoje mišljenje. On je uvek bio u sposoban da prvo izabere Božje večne stvari, ne svoju slavu i bogatstvo, i ugodio Mu je verom. On je bio toliko odan da je čak pitao Boga da spasi Njegov narod po ceni sopstvenog života kada su Izraelci zgrešili.

Kako je Mojsije odgovorio kada je narod napravio obličje zlatnog teleta i obožavao ga, nakon njegovog povratka sa tablicama Deset Zapovesti koje mu je dao Bog posle njegovog četrdesetodnevnog posta? Većina ljudi, u ovoj situaciji, mogli bi da kažu: „Ja više ne mogu da ih podnesem, Bože! Molim te učini kako želiš!"

Ipak, Mojsije je najiskrenije zamolio Boga da im oprosti njihove grehove. On je iz dubine svog srca sa obilnom ljubavlju za njih bio spreman i voljan da žrtvuje svoj život kao vrstu jemstva.

Isto je i sa Avramom, praocem vere. Kada je Bog planirao da uništi gradove Sodomu i Gomoru, Avram nije mislio da to nema veze sa njim. Umesto toga, Avram je molio Boga da spasi narod Sodome i Gomore: *"Može biti da ima pedeset pravednika u gradu; hoćeš li i njih pogubiti, i nećeš oprostiti mestu za onih pedeset pravednika što su u njemu?"* (Knjiga Postanka 18:24)

Onda je tražio od Boga Njegovu milost da ne uništava ove gradove ako ima četrdeset i pet čestitih ljudi i tako je nastavio da pita Boga šta ako je broj čestitih ljudi četrdeset, trideset, trideset pet, dvadeset ili deset. Na kraju, Avram je dobio konačan odgovor od Boga: *"Neću ih pogubiti radi onih deset"* (Knjiga Postanka 18:32). Međutim, ta dva grada su bila uništena jer nije bilo ni deset čestitih ljudi u tim gradovima.

Pored toga, Avram je prepustio svoje pravo na izbor svom rođaku Lotu, da ovaj izabere dobru zemlju, kada zemlja na kojoj su živeli nije mogla više da ih prehrani, jer su obe njihove nekretnine postale veoma velike. Lot je za sebe izabrao čitavu ravnicu koja mu je dobro izgledala i odmah krenuo ka njoj.

Nešto kasnije, Sodoma i Gomora su bile pobeđene u ratu i mnogo ljudi je bilo zarobljeno uključujući i Lota, Avramovog nećaka. Onda je, rizikujući svoj život, Avram oterao neprijatelja sa 318 pratilaca, oslobodio Lota i druge zarobljenike i povratio njihovu imovinu.

Tada je kralj Sodome pozdravio Avrama i rekao mu : *"Daj meni ljude, a blago uzmi sebi"* (stih. 21). Ali Avram nije uzeo ništa od tog plena, govoreći: *"Ni konca ni remena od obuće neću uzeti od svega što je tvoje"* (stih. 23). On je zaista vratio sve stvari kralju Sodome (Knjiga Postanka 18:1-24).

Isto tako, Avram je imao čvrst stav kada bi se sreo ili se udružio sa nekim, ne praveći štetu i ne dosađujući nikome. On ne samo da je tešio ljude i pružao im zadovoljstvo i nadu, već ih je iskreno voleo i služio.

## Kako biti veran u celoj Božjoj kući

Mojsije i Avram su bili vrlo velikodušni ljudi i bili su iskreni, savršeni i istinoljubivi bez zanemarivanja ičega. Šta trebate da uradite da bi bili verni u celoj Božjoj kući? Prvo, vi morate sve da isprobate i držite se dobrote a da ne gasite vatru Duha i ne ophodite se sa prezirom prema prorocima. Drugim rečima, treba da vidite, čujete i mislite o dobroti, govorite istinu, i samo da idete na dobra mesta.

Drugo, morate da poreknete i žrtvujete sebe sa duhovnom ljubavlju za Božje kraljevstvo i Njegovu pravednost. Kako bi to učinili, morate da uništite grešnu prirodu sa njenim strastima i željama. Vi ćete moći da odredite šta treba da je prioritet u vašem životu i da uradite ono što ugađa Bogu, kada želite duhovne stvari i niste ograničeni ovim svetom.

Vi morate iskreno da stremite da posedujete veru da volite Boga do najvišeg stepena ako već stojite na kamenu vere. Ako imate veru da volite Boga do najvišeg stepena, onda treba brzo da uđete u dimenziju u kojoj možete da ugodite Bogu tako što ćete biti verni u celoj Njegovoj kući.

Posedovanje vere koja ugađa Bogu se može uporediti sa diplomiranjem na fakultetu ili u školi. Nakon diplomiranja, odlazite u svet i u mogućnosti ste da primenite ono što ste naučili u školi kako bi postali uspešni u ovom svetu.

Slično, kada dostignete četvrti nivo vere, dublje duhovno

kraljevstvo će se otvoriti pred vama zato što je duhovno kraljevstvo beskrajno veličanstveno u svojoj dubini, dužini i visini.

Kada uđete u peti nivo vere, vi počinjete da razumete Božje duboko i velikodušno srce do neke granice. Vi ćete moći da razumete koliko ljubavi ima Bog, i koliko je Bog pun ljubavi, milosti, praštanja, ljubaznosti i dobrote. Takođe ćete imati mogućnost da iskusite Njegovu veliku ljubav zato što osećate da Gospod hoda sa vama i briznućete u plač kad pomislite na Boga.

Zato treba da postanete veoma velikodušan čovek uz više poslušnosti, požrtvovanosti i ljubavi, znajući da ima velika razlika između četvrtog i petog nivoa vere u pogledu duhovne ljubavi i požrtvovanja. Ja se takođe nadam da ćete dobiti sve od Boga sa onakvom verom koja Njemu ugađa, i da ćete biti dovoljno blagosloveni da pokažete i izvedete čuda i znakove neprestanom molitvom.

Da uživate u svim blagoslovima koje je Bog pripremio za vas, u ime Isusa Hrista ja se molim!

Poglavlje 9

# Znakovi koji prate one koji su verovali

1
Odbaciti demone
2
Govoriti novim jezicima
3
Hvatati zmije vašim rukama
4
Nijedan smrtonosni otrov vas nimalo ne povređuje
5
Bolesni su izlečeni sa vašim rukama na njima

*„A znaci
onima koji veruju biće ovi:
imenom mojim izgoniće đavole,
govoriće novim jezicima;
uzimaće zmije u ruke,
ako i smrtno šta popiju,
neće im nauditi;
na bolesnike metaće ruke,
i ozdravljaće."*
(Jevanđelje po Marku 16:17-18)

U Bibliji nalazimo da je Isus učinio mnogo znakova. Znaci su izvedeni uz Božju moć preko granica čovekove sposobnosti. Koji je prvi znak izveo Isus? To je događaj pretvaranja vode u vino na svadbenom ručku u Kani u Galileji, kao što je opisano u Jevanđelju po Jovanu 2:1-11. Kada je Isus saznao da je nestalo vino, On je rekao slugama da do vrha napune šest kamenih ćupova vodom. Onda su oni nasuli malo i odneli domaćinu, a on, kada je probao vino koje je bilo stvoreno od vode, pohvali vino zbog dobrog ukusa.

Zašto je Isus Sin Božji pretvorio vodu u vino kao prvi znak koji je učinio? Ovaj događaj ima mnogo duhovnih implikacija. Kana u Galileji predstavlja ovozemaljski svet a svadbeni ručak predstavlja poslednju priliku na ovom svetu kad su ljudi mogli da se najedu i opiju, i budu kompletno okruženi bezbožnošću (Jevanđelje po Mateju 24:37-38). Voda se odnosi na Božju Reč, a vino na dragocenu krv Isusa Hrista.

Zbog toga, znak promene vode u vino ukazuje da će Isusova krv sa Njegovog raspeća biti krv koja čovečanstvu daje večni život. Ljudi su hvalili vino zbog njegovog dobrog ukusa. To znači da se ljudi raduju jer su im grehovi oprošteni time što su pili Isusovu krv i oni su dobili nadu za Nebo.

Počev od prvog znaka, Isus je pokazao mnogo divnih znakova. Spasio je dete koje je umiralo; učinio čudo kad je nahranio pet hiljada ljudi sa pet vekni hleba i dve ribe; isterao napolje demone; učinio slepima da vide; i vratio u život Lazara, koji je bio mrtav četri dana.

Šta je, onda, bila krajnja svrha Isusovog izvođenja takvih znakova? Bila je da spasi ljude i da im omogući da imaju veru kao što nam je rekao u Jevanđelju po Jovanu 4:48: *„Ako ne vidite znaka i čudesa, ne verujete."* Zato nam čak i danas Bog, koji čak i jednu dušu smatra mnogo vrednijom nego ceo univerzum, pokazuje mnoge znake kroz one ljude sa verom koji su spremni da daju svoje živote kako bi spasili ljude.

Sada hajde da detaljno pogledamo različite znake koji prate one sa Bogo-ugodnom verom.

## 1. Odbaciti demone

Biblija vam jasno govori o postojanju demona, iako se danas mnogu ljudi ubeđuju: „Demon ne postoji." Demon je vrsta zlih duhova koji su protiv Boga. Generalno, on izvodi trik sa ljudima koji služe idolima tako što ih dovodi u iskušenja i nevolje, i navodi te ljude da im još marljivije služe.

Kako bilo, vi treba da ga isterate i nadvladate ako imate istinsku veru, zato što nam Isus govori: „Ovi znaci će pratiti one koji su verovali: oni će isterati demone u Moje ime."

Mi takođe nalazimo u Jevanđelju po Jovanu 1:12: *„A svima koji Ga primiše dade pravo da budu deca Božja, čak i onima koji veruju u ime Njegovo."* Kako bi to sramotno bilo da se vi kao deca Božja plašite demona ili da postanete predmet njegovih trikova. Ponekad, novim vernicima bez duhovne vere smetaju demoni kada idu na molitvenu planinu da se mole u samoći. Neki ljudi čak mogu biti opsednuti demonima zato što mole za Božje poklone i moć a ne pokušavaju da se oslobode svoje zlobe. Zbog toga, kada žele da se popnu na molitvenu planinu, nove vernike treba da prate duhovne vođe koji mogu da u ime Isusa Hrista isteraju demone, i oni će moći da se mole bez ikakve smetnje.

## Isterivanje demona u ime Isusa Hrista

Isto je i za sveštenike i za crkvene radnike kada posećuju članove crkve. Oni prvo treba da isteraju demone kroz razaznavanje duhovnih stvari, i onda će oni koji primaju posetu biti sposobni da otvore svoja srca, i prime Božju milost i steknu veru kroz njihovu poruku. Međutim, poseta može biti ometena ako posetite nekog člana crkve a da unapred ne isterate neprijatelja Satanu. Član koga posetite možda neće da otvori svoje srce tako da on ili ona neće moći da prime milost i imaju veru. Onaj sa otvorenim duhovnim očima lako razlikuje zle duhove koji ometaju. Neki su potpuno opsednuti demonima, ali u većini slučajeva, ljude u njihovim mislima delimično kontrolišu demoni.

Oni se ponašaju protiv istine kada Satana deluje u njihovim mislima zato što oni još uvek u sebi imaju slabu veru ili ostatke grešne prirode kao što je preljuba, krađa, laž, bes, ljubomora i zavist. Ljudska srca mogu da se promene kada oni čuju poruku koju prenosi sveštenik koji ima dovoljnu duhovnu snagu da u ime Isusa Hrista otera demone.

Ljudi će se pokajati u suzama zato što su oni u srcima duboko dirnuti ili shvataju svoj greh dok sveštenik prenosi poruku sa snagom koju mu je Bog dao. Takođe će im biti data jaka vera i snaga da se bore sa grehovima. Posle nekoliko meseci, oni mogu da primete koliko su se promenili u svome karakteru i veri. Na ovaj način, moguće im je da čak promene i svoju prirodu u istinu.

U četiri Jevanđelja, vidite da su se mnogi ljudi promenili u svojoj urođenoj prirodi nakon što su sreli Isusa. Na primer, iako je apostol Jovan u početku bio toliko ljutit čovek da su ga nazivali sin groma (Jevanđelje po Marku 3:17), on se promenio pa su ga, nakon što je sreo Isusa, zvali „apostol ljubavi."

Slično tome, čovek sa kompletnom verom u stanju je da promeni druge ljude kao što je to Isus činio. On je takođe sposoban da istera demone u ime Isusa Hrista zato što ima moć da nadvlada neprijatelja Satanu.

### Kako isterati demone

Postoje različiti slučajevi u isterivanju demona. Ponekad, demon odlazi odmah nakon molitve, a u drugim slučajevima neće do ode čak i da se molite sto puta. Ako neko sa verom bude opsednut demonom zato što je Bog okrenuo Svoje lice od njega nakon što Ga je on razočarao na neki način, demon u njemu može lako biti oteran kada on primi molitvu pošto se pokaje u suzama. Ovo je zato što on već ima veru i zna Božju Reč.

U kom slučaju je teško isterati demone čak i sa mnogo molitvi? To je kad veoma zli demon opsedne čoveka koji nema veru i ne poznaje istinu. U tom slučaju, nije mu leko da ima veru dok je opsednut demonom zato što je zlo isuviše duboko ukorenjeno u njemu. Da bi ga oslobodio, neko mora da mu pomogne da dobije veru, razume istinu, pokaje se i sruši zid grehova.

Takođe, ako roditelji imaju problem sa životom u Hristu, njihovo voljeno dete može biti opsednuto demonom. U takvom slučaju, dete neće biti oslobođeno demona dok se roditelji ne pokaju zbog svojih grehova, prime spasenje i čvrsto stanu na kamen vere.

Postoji, takođe, slučaj obuzetosti od strane sila mraka. Možete da vidite nekoga da vodi bolan život u veri zato što ima poteškoću da otvori svoje srce, a ovozemaljske misli, sumnja i iscrpenost ga sprečavaju da sluša poruku čak i kad iskreno pokušava.

Ovakav slučaj može da se desi zato što sile mraka mogu da deluju na nečiju porodicu ako su njegovi preci lojalno služili idole ili su njegovi roditelji bili vračevi ili idolo-poklonci. Ipak, demon će ga napustiti i on i njegova porodica će biti spašeni kada se on transformiše u dete svetla tako što će se revnosno moliti i vredno slušati Božju Reč.

Štaviše, Bog toliko mnogo mrzi idolopoklonstvo da postoji debeli zid greha između Boga i idolopoklonika. Kao rezultat, on mora da nastavi borbu sa samim sobom da živi u istini dok ne sruši zid greha. On može biti brzo oslobođen u zavisnosti od toga koliko se usrdno moli i menja.

### Izuzeci u kojima demoni ne odlaze

U kojim slučajevima demoni ne odlaze čak i kad neko

komanduje u ime Isusa Hrista? 

Demoni ne odlaze ako je osoba nekad verovala u Boga ali je njegova savest kao vrelim gvožđem spržena nakon što se okrenuo od Gospoda. On čak i da pokuša ne može da se vrati Gospodu zato što je njegova dobra savest kompletno zamenjena neistinom.

Zato mi nalazimo u 1. Jovanova Poslanici 5:16: „*Ima greh k smrti: Za taj ne govorim da moli.*" Drugim rečima, Bog mu ne odgovara čak iako se moli.

Koji je greh koji vodi ka smrti? To je bogohuljenje ili huljenje na Svetog Duha. Onome ko počini ovaj greh ne može biti oprošteno ni na ovom ni na onom svetu. Zato, takav čovek nikad ne može biti spašen čak iako se neprestano moli.

U Jevanđelju po Mateju 12:31, Isus nam kaže da huljenje protiv Duha neće biti oprošteno. Huljenje protiv Duha znači zlim umom ometati rad Svetog Duha, i svojom voljom ga osuđivati i kuditi. Na primer, bogohuljenje je kada ljudi smatraju crkvu u kojoj se dešavaju Božja dela kao „jeres," dajući lažne izjave i šireći glasine o toj crkvi (Jevanđelje po Marku 3:20-30).

Isus je takođe rekao u Jevanđelju po Mateju 12:32: „*I ako ko reče reč protiv Sina čovečijeg, oprostiće mu se; a koji reče reč protiv Duha Svetog, neće mu se oprostiti ni na ovom svetu ni na onom.*" Opet, u Jevanđelju po Luki 12:10 Isus nas podseća: „*I svaki koji reče reč protiv Sina čovečijeg oprostiće mu se, a koji huli na Svetog Duha neće mu se oprostiti.*"

Svakom ko govori reč protiv Sina Čovečjeg, zato što on to radi a ne zna Njega, mogu biti oprošteni grehovi. Međutim, onome koji huli i kaže reč protiv Svetog Duha ne može biti oprošteno i otići će na put smrti zato što on ometa Božje delo i huli na Duha čak iako je već prihvatio Isusa Hrista i primio Svetog Duha. Zato ne treba da činite grehove huljenja protiv Duha i da govorite reč protiv Svetog Duha, shvatajući da su ovi grehovi previše teški da bi obezbedili oproštaj, a još manje spasenje.

Poslanica Jevrejima 10:26 nam govori da ako čovek namerno nastavlja da greši čak i pošto je primo poznanje istine, nema više žrtve za grehe. On kroz Božju Reč dobro zna šta je greh i ne treba da čini bezbožne stvari.

Ipak, ako znajući i namerno učini greh, onda njegova savest postepeno postaje neosetljiva na grehove i spržena kao vrelim gvožđem. Na kraju, on će biti ostavljen zato što ne može da primi duh pokajanja.

Šta više, za one koji su jednom bili prosvetljeni, koji su osetili nebeski dar, postali zajedničari Duha Svetog, i koji su osetili dobrotu Reči Božje i moći onog sveta, duh pokajanja neće biti dat nakon što su „oni otpali" zato što bi to bilo ponovno raspinjanje Sina Božjeg i Njegovo podvrgavanje javnoj nemilosti (Poslanica Jevrejima 6:4-6).

Nijedna mogućnost za pokajanje neće biti data takvim pojedincima koji su primili Svetog Duha, znaju za Raj i Pakao i poznaju Reč Božju, a ipak, namamljeni svetovnim, padnu i osramote Božju slavu.

Osim nekih slučajeva navedenih gore, u kojima Bog ne može a da ne okrene glavu, vi možete nadvladati neprijatelja Satanu i đavola. Zbog toga demoni ne mogu ništa drugo nego da budu isterani kada im naredite u ime Isusa Hrista.

## Molite se neprestano dok u potpunosti živite u istini

U kakvoj agoniji će Božji sluga ili radnik biti ako demoni ne nestanu čak iako im on ili ona naredi u ime Isusa Hrista? Dakle, vi prirodno trebate da primite moć da nadvladate i kontrolišete neprijatelja Satanu i đavola. Kako bi izvodili znakove koji prate one koji veruju, vi morate da dostignete stanje da udovoljite Bogu ne samo celokupnim življenjem u istini sa ljubavlju prema Bogu iz dubina vašeg srca, već i stalnim i revnosnim molitvama.

Ubrzo nakon što sam osnovao crkvu, neki mladi čovek koji je bio opsednut epilepsijom došao je iz provincije Gang-won da me upozna nakon što je čuo vesti o moji službama izlečenja. Mada je on mislio da je bio dobar sluga Božji kao učitelj u nedeljnoj školi i član hora, on nije pokušavao da se otarasi svojih grehova nego je zbog svoje velike arogancije nastavio da greši. Kao rezultat, zli demon ušao je u njegov iskvareni razum i čovek je silno patio zbog toga.

Delo izlečenja se manifestvovalo zbog iskrene molitve njegovog oca i njegove posvećenosti sinu. Kada sam razjasnio identitet demona i isterao ga molitvom, mladi čovek je pao na leđa u nesvest, dok mu je pena lošeg mirisa prekrila usta. Mladi čovek se vratio kući pošto se naoružao Reči Božjom u mojoj crkvi i postao nova osoba u Hristu. Kasnije sam čuo da je verno služio svojoj crkvi i svedočio o svom izlečenju.

Uz to, u današnje vreme mnogo ljudi je oslobođeno od demona ili sila tame van vremena i prostora kroz molitvu sa maramicom na kojoj sam se ja molio.

Jednom prilikom, nekog mladog čoveka iz Ul-sana, Kjungnam provincija, nekoliko puta su pretukli stariji studenti i drugovi tokom njegove prve godine u srednjoj školi, zato što je odbio da puši cigarete sa njima. Kao rezultat, mladić je silno patio od mržnje, na kraju je bio opsednut demonom, i bio je hospitalizovan u bolnici za mentalno obolele sedam meseci. Ipak, on je bio oslobođen demona nakon što je primio molitvu sa maramicom na kojoj sam se ja molio. Povratio je zdravlje i sada je dragoceni radnik u njegovoj crkvi.

Ovakva dela takođe se događaju i van granica. Na primer, u Pakistanu je jedan laik patio od zlog duha četiri godine ali ga se oslobodio kroz molitvu sa maramicom, i primio je Svetog Duha i dar da govori stranim jezicima.

## 2. Govoriti novim jezicima

Drugi znak koji prati one koji veruju je govoriti novim jezicima. Šta tačno jeste govoriti novim jezicima?

U 1. Poslanici Korinćanima 14:15 čitamo: *„Moliću se Bogu duhom, a moliću se i umom; hvaliću Boga duhom, a hvaliću i umom."* Možete videti da se duh razlikuje od uma. Koja je, onda, razlika, između duha i uma?

Postoje dva uma u nečijem srcu: um istine i um neistine. Um istine je duša, beli um. Um neistine je telo, crni um. Nakon što prihvatite Isusa Hrista, vaše srce je ispunjeno duhom onoliko koliko se molite i odbacite grehe živeći po Reči Božjoj, zato što je neistina iskorenjena isto toliko.

Na kraju, vaše srce postaje ispunjeno dušom malo po malo, bez ijedne preostale neistine kada ste dostigli četvrti nivo vere da volite Boga do najvišeg stepena. Šta više, ako imate veru koja ugađa Bogu, vaše srce je potpuno ispunjeno duhom, i ovo se naziva „celi duh." U ovoj fazi, vaš um je duh, a duh je vaš um.

## Govoriti novim jezicima

Kada se takav duh u vama moli Bogu inspiracijom Svetog Duha, to se naziva „molitva na novim jezicima." Molitva na novim jezicima je razgovor između vas i Boga i zato je krajnje korisno za vaš život u Hristu zato što je neprijatelju Satani nemoguće da to prisluškuje.

Dar govorenja novim jezicima je uopšteno dat Božjem detetu kada se on ili ona iskreno moli u ispunjenosti Svetim Duhom. Bog želi da da taj dar svakome od Svoje dece.

Kada se revnosno molite na novim jezicima, vi ćete moći da nesvesno pevate pesme na novim jezicima, igrate, ili čak uradite ritmičke pokrete u inspiraciji Svetog Duha. Čak i onaj koji obično nije dobar u pevanju može da peva veoma dobro, a čak i onaj koji je obično loš plesač može da igra bolje od profesionalnih plesača zato što Sveti Duh potpuno upravlja tom osobom.

Šta više, neko može da ima novo duhovno iskustvo kroz govor raznim jezicima ako ide dalje u još dublji nivo. Ovo se naziva „govoriti novim jezicima." Vi ćete moći da govorite novim jezicima odmah kada se molite novim na jezicima na petom nivou vere.

### Dovoljno moćan da istera neprijatelja Sotonu

Govoriti novim jezicima je toliko moćno da se neprijatelj Sotona plaši toga i odmah odlazi. Pretpostavimo da naiđete na provalnika koji želi da vas ubode nožem. U tom momentu, Bog može da ga natera da promeni mišljenje ili da pusti anđela da mu ukoči ruku ako se molite na novim jezicima.

Takođe, ako se osećate nelagodno ili želite da se molite kad putujete negde, to je zato što Bog prisiljava vaš um kroz Sveti Duh; On već zna da je nesreća pred vama. Shodno tome, kada se molite u pokornosti delu Svetog Duha, vi ćete biti u mogućnosti da sprečite neočekivanu katastrofu ili nesreću zato što vas neprijatelj đavo napušta i Bog vas vodi da to izbegnete.

Zato, kada govorite novim jezicima vi ste zaštićeni i možete da sprečite iskušenja i nevolje u kući, na poslu ili u poslovanju ili bilo gde, a da vas neprijatelj Sotona ili đavo ne ometaju.

## 3. Hvatati zmije vašim rukama

Treći znak koji prati one koji veruju je hvatati zmije njihovim rukama. Na šta, se onda „zmija" odnosi?

Dozvolite nam da pogledamo u Knjigu Postanka 3:14-15:

*Tada reče GOSPOD Bog zmiji: „Kad si to učinila, da si prokleta mimo svako živinče i mimo sve zveri poljske; na trbuhu da se vučeš i prah da jedeš do svog veka; i još mećem neprijateljstvo između tebe i žene i između semena tvog i semena njenog; ono će ti na glavu stajati a ti ćeš ga u petu ujedati."*

To je scena u kojoj proklinju zmiju zato što je zavela Evu. Ovde „žena", duhovno se odnosi na Izrael, a „njeno seme" na Isusa Hrista. Dakle, ženino seme „[gazi zmijinu] glavu" znači da će Isus Hrist prekinuti vlast smrti neprijatelja Sotone. Reći da će „zmija ujesti njegovu petu" predskazuje Sotonino razapinjanje Isusa.

Takođe je veoma očigledno da se „zmija" odnosi na neprijatelja Sotonu zato što u Otkrovenju Jovanovom: „*I zbačena bi aždaha velika, stara zmija, koja se zove đavo i sotona, koja vara sav vasioni svet. I zbačena bi na zemlju, i anđeli njeni zbačeni biše s njom.*"

Prema tome, „hvatati zmije" znači da ćete moći da odvojite sektu neprijatelja Sotone i uništite je u ime Isusa Hrista.

## Uništiti Sotoninu sinagogu

Mi nailazimo na sledeće stihove u Knjizi Otkrovenja:

> *Znam tvoja dela, i nevolju i siromaštvo (ali si bogat), i hule onih koji govore da su Jevreji a nisu, nego zbornica sotonina* (2:9).

> *Evo dajem one iz zbornice sotonine koji govore da su Jevreji i nisu, nego lažu; evo ću ih učiniti da dođu i da se poklone pred nogama tvojim, i da poznadu da te ja ljubim* (3:9).

Ovde, „Jevreji" kao Božji izabranici duhovno se odnosi na sve one koji veruju u Boga. Oni „koji tvrde da su Jevreji" se odnosi na ljude koji ometaju Božje delo, osuđuju i kleveću ga po osnovu toga da se Božje delo ne slaže sa njihovim razmišljanjima, i mrze i gunđaju između sebe iz zavisti i ljubomore.

„Zbornica Sotonina" obuhvata dvojicu ili više ljudi koji se okupljaju i neistinito govore loše o drugima, i prave nevolje u crkvi. Gunjđanje nekoliko ljudi zarazi mnogo ljudi, a onda i zbornica Sotonina je konačno osnovana.

Naravno, konstruktivne ponude i predlozi moraju biti prihvaćeni za razvoj crkve. Zbornica sotonina je, međutim, ako se neki članovi crkve bore protiv sluge Božjeg, dele crkvu sa naizgled prihvatljivim razlogom, i formiraju grupu protiv istine.

Iako bi crkve trebalo da budu ispunjene ljubavlju i svetošću i budu ujedinjene u istini, ima mnogo crkava u kojima se molitva i ljubav hlade, oživljavanje sasvim nestaje, i zbog toga kraljevstvo Božje ne stoji čvrsto, sve to zbog sinagoge sotonine.

Sinagoga sotonina, međutim, ne može da pokaže svoju moć kada možete da je razaznate sa Bogougodnom verom na petom nivou.

Nikada nije postojala sinagoga sotonina u mojoj crkvi od kada je ona bila osnovana. U ranim danima mog službovanja, naravno, mogla je da se pojavi kroz neke ljude čije je misli kontrolisao Sotona zato što članovi crkve još nisu bili naoružani istinom.

U svakom momentu, pak, Bog mi je to stavljao do znanja i uništio je kroz poruku. Na ovaj način je bio pobeđen svaki pokušaj da se oformi sinagoga Sotonina. Danas su članovi moje crkve sposobni da jasno razaznaju istinu od neistine. Oni koji su tajno ušli u crkvu kako bi oformili sinagogu sotoninu napuštaju je ili se pokaju zato što su u nekima od njih još ostala dobra srca.

Isto tako, sinagoga sotonina ne može da se oformi kada niko ne deluje na način koji joj odgovara.

## 4. Nijedan smrtonosni otrov vas nimalo ne povređuje

Četvrti znak koji prati one koji veruju je kada popiju smtonosni otrov, on im neće ni malo škoditi. Šta ovo tačno znači? U Apostolskim Delima 28:1-6 ima jedan incident u kome je Apostola Pavla ujela zmija otrovnica na ostrvu Malti. Ostrvljani su očekivali da će on naduti ili brzo pasti mrtav, ali on nije pretrpeo nikakve loše posledice. Nakon dugog čekanja i pošto su videli da se Pavlu ništa neobično ne događa, ostrvljani su promenili svoje mišljenje i rekli da je on bog (stih. 6). To je bilo zbog toga što je Pavle imao savršenu veru tako da čak ni zmijski otrov nije mogao da mu naudi.

### Čak iako vas zmija otrovnica ujede

Ljudi sa savršenom verom se neće razboleti ili se zaraziti nekom klicom, virusom ili otrovom, čak iako su to konzumirali slučajno, zato što Bog spaljuje taj otrov vatrom Svetog Duha.

Međutim, ako to popiju namerno oni ne mogu biti zaštićeni, jer to znači da su imali nameru da testiraju Boga. On ne prihvata da Ga iko testira osim zbog desetka. Ipak, vi možete da konzumirate otrov kroz otrovnu hranu koja je bila namenjena da vam promišljeno naudi.

Čak i više, neki čovek može dati nekoj ženi piće sa prahom za spavanje u nameri da je navede na iskušenje, ili da opije nekoga kako bi ga kidnapovao ili ukrao novac od njega. Čak i u ovakvim prilikama, neko sa savršenom verom bi bio zaštićen i ne bi bio oštećen zato što bi ovi otrovi bili neutralisani vatrom Svetog Duha.

## Vatra Svetog Duha sagori svaki otrov

Pred kraj moje treće godine na teološkom školovanju, osetio sam oštar bol u stomaku nakon što sam popio piće dok sam se spremao za moj prvi skup preporoda. Osetio sam olakšanje nakon što sam se molio stavivši ruke na stomak i ispraznio sam creva kroz dijareju. Nisam znao da je sadržalo otrovne materije sve do sledećeg dana.

Jednom sam ostao da se molim u Jačivonu, Čongčung provincija. Tamo je postojao univerzitet blizu mesta gde sam boravio i često su se dešavale studentske demonstracije i policija je koristila suzavac kako bi ih suzbila. Čak i kada su ljudi okolo mene imali velikih problema sa disanjem, ja nisam osetio takve poteškoće.

U prvim danima službovanja, moja porodica je živela u podrumu crkvene zgrade. U to vreme, ljudi u Koreji su koristili brikete za grejanje. Moja porodica je mnogo patila od gasa ugljen-monoksida, naročito za oblačnih dana zbog lošeg provetravanja. Ipak, otrovni gas meni nikad nije štetio. Sveti Duh odmah rastvara svaki otrovni materijal čak iako uđe u nekoga ko verom udovoljava Bogu, pošto Sveti Duh u Njegovoj potpunosti ulazi unutra i kruži u nečijem telu.

## 5. Bolesni su izlečeni sa vašim rukama na njima

Peti znak koji prate one koji veruju je taj da kada stave njihove ruke na bolesne, bolesni su izlečeni. Milošću Božjom, ovaj znak me je pratio čak i pre početka mog službovanja. Nakon osnivanja moje crkve, nebrojeni ljudi su bili izlečeni i slavili su Boga.

Danas, zato što ne mogu da položim ruke na svakog člana moje crkve, za bolesne se molim samo sa propovedaonice. Međutim, mnogi bolesni ljudi su bili izlečeni a nemoćnima je bilo bolje i ojačali su kroz molitvu.

Uz ovo, tokom godišnje dvo-nedeljne Službe Preporoda koja je održavana svakog Maja do 2004.god., izlečene su razne bolesti počev od leukemije, paralize pa do raka. Šta više, slepi su progledali, gluvi su pročuli a hromi su prohodali. Kroz ova neverovatna dela Božja, nebrojani ljudi su se sreli sa živim Bogom.

Ali, zašto još uvek ima ljudi koji ne mogu da dobiju odgovore usred plamtećih dela Svetog Duha, koji sagoreva klice i leči bolesne i slabe?

Prvo, moramo da zapamtimo da kada neko dobije molitvu bez vere, on ne može biti izlečen. Uklapa se samo da on ne može da dobije odgovor ako nema veru zato što Bog deluje shodno sa verom svakog pojedinca. Drugo, neko ne može biti izlečen, čak iako ima veru, kada ima zid greha. U ovom slučaju, on može biti izlečen kada primi molitvu samo onda kada se pokaje za svoje grehove i vrati se Bogu.

Postoji još jedna stvar koju treba da znate. Čak iako neko izleči bolesnu osobu molitvom, vi ne možete da smatrate da je on dostigao peti nivo vere. Vi možete da lečite ljude ako imate dar izlečenja čak iako ste u trećem nivou vere.

Šta više, neko u drugom nivou vere često leči druge ljude kroz molitvu kada je ispunjen Svetim Duhom, zato što on može da uđe u četvrti ili peti nivo vere za kratko vreme. Pored toga, molitva pravednog čoveka ili molitva ljubavi je toliko moćna i delotvorna da Božje delo može biti manifestovano (Poslanica jakovljeva 5:16).

U isto vreme, postoje granice u takvim slučajevima. Bolesti uzrokovane klicama ili virusima kao što su lakše bolesti, rak i tuberkoloza pluća mogu biti izlečene, ali tako velika dela Božja kao što je omogućavanje da hromi prohodaju ili slepi da vide ne mogu biti ispunjena.

Čak iako su demoni isterani molitvom ljubavi ili darom izlečenja, skoro da je verovatno da će se demoni uskoro ponovo vratiti. Ipak, kada osoba na petom nivou vere otera demone, oni ne mogu da se vrate.

Stoga, za vas se kaže da ste u petom nivou vere samo onda kada ste sposobni da pokažete ovih pet znakova zajedno. Šta više, vi možete da pokažete još više snažnog autoriteta, moći i darova Svetog Duha ako ste na ovom stepenu.

U sadašnje vreme u kome su mnogi ljudi potpuno zaraženi zlobom i grehom, oni će verovatno da imaju veru samo onda kada vide više moćnih čuda i znakova od onih iz Isusovog vremena.

Zbog toga Bog želi da Njegova deca ne samo dostignu duhovnu i potpunu veru već takođe da pokažu znakove koji prate one koji veruju, tako da mogu da vode nebrojane ljude ka putu spasenja.

Vi bi trebalo da pokušate da primite snagu, autoritet i moć znajući da možete da radite ono što je Isus radio, pa čak i veće stvari od Njegovih dela ako imate Hristovu Bogougodnu veru.

Da veoma širite Božje kraljevstvo i što pre postignete Njegovu pravednost sa ovom vrstom vere i da zauvek sijate u Raju kao sunce, u ime Isusa Hrista ja se molim!

Poglavlje 10

# Različita nebeska mesta boravka i nagrade

1
Nebo dostignuto samo verom

2
Nebo je pretrpelo nasilje

3
Različita mesta boravka i nagrade

*„Da se ne plaši srce vaše;
verujte Boga, i mene verujte.
Mnogi su stanovi u kući Oca mog;
a da nije tako, kazao bih vam;
idem da vam pripravim mesto.
I kad otidem i pripravim vam mesto,
opet ću doći, i uzeću vas k sebi,
da i vi budete, gde sam ja."*

(Jevanđelje po Jovanu 14:1-3)

Za Olimpijskog sportistu, osvojiti zlatnu medalju mora da je dirljiv momenat. On je mogao da osvoji zlatnu medalju ne slučajno nego nakon dugog vremena brutalnog treniranja da poboljša svoje veštine i uzdrži se od svog hobija ili omiljene hrane. On je mogao da izdrži sav taj naporan trening zato što je imao jaku želju za zlatnom medaljom i zato što je znao da će njegov napor biti dobro nagrađen.

Isto je i sa nama hrišćanima. U duhovnoj trci za nebesko kraljevstvo, mi moramo da se borimo u dobroj borbi vere, pobedimo naša tela, i da ih napravimo robovima kako bi postali dobitnici najveće nagrade. Ljudi na ovom svetu čine sve napore kako bi dobili svetovnu nagradu i slavu. Šta, onda, vi treba da radite da dobijete nagradu i slavu u večnom kraljevstvu Nebeskom?

U Bibliji 1. Korinćanima Poslanici 9:24-25 čitamo: *„Ne znate li da oni što trče na trku, svi trče, a samo jedan dobije nagradu? Tako trčite da dobijete. Svaki pak koji se takmiči u igrama vrši samokontrolu u svim stvarima. Oni dakle da dobiju raspadljiv venac, a mi neraspadljiv."*

Ovaj pasus nas bodri da vladamo samim sobom u svemu i trčimo bez prestanka, čeznući za slavom u kojoj ćete ubrzo uživati.

Ispitajmo u detaljima kako vi možete da imate slavu carstva Nebeskog, i kako možete dosegnuti bolje mesto boravka na Nebu.

## 1. Nebo dostignuto samo verom

Postoje mnogi ljudi koji, čak iako imaju počast i moć, bogatstvo i prosperitet i veliko znanje, ne znaju odakle čovek dolazi, za šta živi, i kuda ide. Oni jednostavno misle da od rođenja, ljudi jedu, piju, idu u školu, rade, stupaju u brak i žive dok se ne vrate u šačicu prašine posle smrti.

Međutim, Božji ljudi koji su prihvatili Isusa Hrista ne misle na taj način. Oni znaju da je Bog njihov istiniti Otac koji im daje život, zato što veruju da je On stvorio prvog čoveka Adama i omogućio mu naslednike tako što mu je dao seme života. Tako, oni žive da slave Boga bilo da jedu, piju, ili bilo šta rade zato što znaju zašto je Bog stvorio ljude i dozvolio im da žive na ovom svetu. Oni takođe žive po Božjoj volji zato što znaju da će biti spašeni, otići u nebesko carstvo, i imati večni život, ili kako će biti kažnjeni u večnoj vatri Pakla.

Oni koji imaju veru su Božja deca sa Nebeskim pravom građanstva. On želi da oni jasno znaju o carstvu Nebeskom i budu ispunjeni nadom za njihov dom tamo jer što više ljudi jasno zna o Nebeskom carstvu, oni mogu još aktivnije živeti sa verom u ovom životu.

Vi možete dobiti Nebo samo verom i stoga će tamo završiti samo oni koji su spašeni verom. Čak iako imate ogromnu svotu novca i svu slavu i moć, vi ne možete otići tamo svojom sopstvenom snagom. Samo oni koji steknu pravo Božje dece tako što prihvataju Isusa Hrista i žive po Njegovoj Reči mogu da odu na Nebo i uživaju večni život i blagoslove.

## Spasenje u vreme Starog Zaveta

Da li ovo znači da oni koji ne znaju ništa o Isusu ne mogu bit spašeni? Ne, to nije slučaj. Kako je vreme Starog Zaveta bilo vreme Zakona, ljudi su dobijali spasenje u zavisnosti da li su ili nisu živeli po Zakonu, koji je Reč Božja. Međutim, u vreme Novog Zaveta nakon što je Jovan Krstitelj došao na ovaj svet i svedočio Isusu Hristu, ljudi su spašeni verom u Isusa Hrista. Čak i u naše vreme, možda postoje ljudi koji nisu prihvatili Isusa Hrista zato što još uvek nisu čuli za Njega. Takvim ljudima biće suđeno po njihovoj savesti (O ovome više saznajte u knjizi *Poruka sa Krsta*). Danas, izgleda da mnogo ljudi krivo tumače Božju volju o spasenju. Oni pogrešno shvataju da mogu biti spašeni samo ako iskazuju veru usnama, govoreći: „Ja verujem u Isusa Hrista kao mog Spasitelja," zato što im u vreme Novog Zaveta, Bog daje milost spasenja kroz Isusa Hrista. Ovi ljudi misle da oni ne treba da pokušaju da žive po Njegovoj Reči i da zgrešiti nije zapravo veliki problem, ali to je apsolutno pogrešno.

Šta, onda, to stvarno znači biti spašen po delima u vreme Starog Zaveta ili biti spašen po veri u vreme Novog Zaveta?

Isus nije došao na ovaj svet da spase one koji ne žive po Reči Božjoj; On je došao da povede ljude da žive po Reči Božjoj ne samo po delima nego takođe i u srcima.

Zato Isus objavljuje u Jevanđelju po Mateju 5:17: *„Ne mislite da sam Ja došao da pokvarim Zakon ili Proroke; Ja nisam došao da pokvarim, nego da ispunim."* On nas takođe podseća da ako iko počini greh u svom srcu, za njega se smatra da je već počinio greh: *„Čuli ste kako je kazano starima: ,Ne čini preljube.' A Ja vam kažem da svaki koji pogleda na ženu sa željom, već je učinio* *preljubu u srcu svom"* (Jevanđelje po Mateju 5:27-28).

## Spasenje u vreme Novog Zaveta

U vreme Starog zaveta, čak iako neko počini preljubu u svom srcu, nije smatrano kao da je zgrešio osim ako je zgrešio na delu. Samo kad počini preljubu na delu, on je smatran za grešnika. Kao rezultat, samo kad on počini preljubu na delu, ljudi su ga kamenovali do smrti (Ponovljeni Zakon 22:21-24). Po istom kalupu, u vreme Starog Zaveta, ako je neko bio veoma bezbožan i zao u svom srcu, i u svom srcu nameravao da ubije nekog ili da ukrade nešto, ali nije pokazao tu nameru na delu, on je mogao da bude spašen zato što nije presuđeno da je kriv za greh.

Onda, pogledajmo u 1. Jovanovoj Poslanici 3:15 da bi mogli da razumemo šta to znači biti spašen verom u vreme Novog Zaveta: *„Svaki koji mrzi na brata svog je ubica; i znate da nijedan ubica nema u sebi večni život."*

U vreme Novog Zaveta, čak i kad čovek ne greši u delima, on ne može biti spašen ako greši u svom srcu, zato što je to isto kao da je grešio spolja.

Zato, u vreme Novog Zaveta, ako neko ima nameru da ukrade, on je već lopov; ako neko gleda ženu pohotno, on je već preljubnik; i ako neko mrzi svog brata i ima nameru da ga ubije, on nije ništa bolji nego ubica. Znajući ovo jasno, vi morate primiti spasenje pokazujući Bogu vašu veru u delima bez da grešite u vašim srcima.

### Odbacite dela i želje grešne prirode

U Bibliji, često možete naći izraze kao što je „grešna priroda,"

„meso," „stvari od mesa," „dela mesa," „grešno telo," i tako dalje. Veoma teško je, ipak, naći nekoga ko zna istinsko značenje ovih izraza čak i među vernicima.

Saglasno rečniku, ne postoji razlika u značenju između „mesa" i „tela," ali po Bibliji oni imaju drukčije duhovno značenje. Da bi shvatili duhovno značenje ovih izraza, vi prvo morate da znate proces kroz koji je greh došao u čoveka.

Prvi čovek kao živi duh, bio je duhovna osoba bez imalo neistine zato što ga je Bog naučio samo znanju života. Smrt je došla nad njim kada je, zato što nije mislio na Božju zapovest, počinio greh neposlušnosti tako što je uzeo voće sa drveta spoznaje dobra i zla (Poslanica Rimljanima 6:23).

Kako je duh, koji je igrao ulogu njegovog gospodara, umro, Adam više nije mogao da komunicira sa Bogom. Pored toga, on kao biće je morao da se plaši Stvoritelja Boga i izvrši Njegovu zapovest, ali on nije mogao da sprovede čak ni ovu dužnost čoveka. Isteran je iz Rajskog Vrta i morao je da živi na ovom svetu, prolazi kroz suze, nesreće, patnje, bolesti i smrt. On i njegovi potomci počeli su da čine grehove kako su postepeno postajali bezbožni iz generacije u generaciju.

U ovom procesu kvarenja grehom, kada je znanje života koje je prvobitno dao Bog oduzeto od čoveka, mi to stanje zovemo „telo," a kada se grešne karakteristike kombinuju sa ovim „telom," mi to zovemo „meso."

Zbog toga, „meso" je opšti izraz koji se odnosi na nevidljive ali skrivene karakteristike u nečijem srcu, koje su sposobne da se razviju u dela čak iako ih čovek ne izvodi. Šta više, kad podelimo i kategorizujemo meso na detaljne karakteristike, mi ih zovemo „žudnja mesa."

Na primer, takve karakteristike kao što su zavist, ljubomora i mržnja su nevidljive ali se mogu prikazati na delu u svakom momentu sve dok borave u vašem srcu. Zato Bog i njih smatra grehovima.

Ovako, ako se vi ne oslobodite ovih žudnji mesa, oni se otkrivaju na delu, a kad se ove žudnje mesa otkriju na delu, mi ih zovemo „dela mesa." U protivnom, kad se stave zajedno detaljna dela grešne priroda se zovu „meso."

Drugim rečina, kad do detalja podelimo meso u dela, mi ih zovemo „dela mesa." Ako imate neku nameru da tučete nekog, ovakvo srce pripada „žudnjama mesa," a ako vi stvarno prebijete tu osobu, to je „delo mesa."

Koje je duhovno značenje „mesa" kao što je definisano u Postanku 6:3?

> *Onda GOSPOD reče: „Moj Duh se neće nositi sa čovekom zauvek, zato što je i on isto meso."*

Ovaj stih nas podseća da Bog ne želi da bude zauvek sa ljudima koji ne žive po Njegovoj Reči nego čine grehove i postaju „meso."

Biblija nam, ipak, kaže da je Bog uvek bio sa duhovnim ljudima kao što je Avram, Mojsije, Ilija, Noe i Danilo, koji su tražili samo istinu i živeli po Božjoj Reči. Zbog toga, znajući da ljudi od krvi i mesa koji ne žive po Reči Božjoj ne mogu biti spašeni, vi morate da težite da brzo odbacite ne samo dela mesa nego i žudnje mesa.

## Čovek od mesa neće naslediti kraljevstvo Božje

Pošto je Bog ljubav, onima koji shvate da su grešnici, pokaju se za svoje grehe i prihvate Isusa Hrista kao svog Spasitelja, On daje pravo da postanu Njegova deca i daje Svetog Duha kao dar im. Kada vi kao dar dobijete Svetog Duha i rodite duh od Svetog Duha, vaš mrtvi duh je oživljen. Tako, vi ste sposobni da primite spasenje i imate večni život jer niste više čovek od mesa nego čovek od duha. Međutim, ako nastavite da ostvarujete žudnje mesa, vi nećete biti spašeni jer Bog neće biti sa vama.

Dela mesa su do detalja opisana u Poslanici Galaćanima 5:19-21:

> *A poznata su dela mesa, koja su: preljubočinstvo, kurvarstvo, nečistota, besramnost, idolopoklonstvo, čaranja, neprijateljstva, svađe, pakosti, srdnje, prkosi, raspre, sablazni, jeresi, zavisti, ubistva, pijanstva, žderanja, i ostala ovakva za koja vam napred kazujem kao što i kazah napred, da oni koji tako čine neće naslediti carstvo Božije.*

Isus nam takođe se govori u Jevanđelju po Mateju 7:21: „*Neće svaki koji Mi govori: ,Gospode! Gospode!' ući u carstvo nebesko; no koji čini po volji Oca Mog koji je na Nebesima.*" Štaviše, tako što nam opet i opet Biblija govori da oni nepravedni koji ne žive po Njegovoj volji nego čine dela mesa ne mogu da odu na Nebo, Bog želi da svi samo verom dobiju spasenje i dostignu Nebo.

## Ako vi želite da verom dostignete spasenje

U Poslanici Rimljanima 10:9-10 čitamo: *„Jer, ako priznaješ ustima svojim da je Isus Gospod, i veruješ u srcu svom da Ga Bog podiže iz mrtvih, bićeš spasen; jer se srcem veruje za pravdu, a ustima se priznaje za spasenje."*

Vrsta vere koju Bog želi je ona gde vi verujete srcem i priznate je ustima. Drugim rečima, ako stvarno verujete u svom srcu da je Isus postao vaš Spasitelj kada je nakon Svog raspeća trećeg dana vaskrsao, vi ste opravdani time što ste oterali grehe i živeli po Božjoj Reči. Kad svojim ustima priznate, a u isto vreme i živite po Njegovoj volji, vi možete biti spašeni zato što je vaše priznanje istina.

Zato u Poslanici Rimljanima 2:13 čitamo: *„Jer pred Bogom nisu pravedni oni koji slušaju Zakon, nego će se oni opravdati koji ga tvore."* Sveto Pismo na takođe kaže u Jakovljevoj poslanici 2:26: *„Jer, kao što je telo bez duha mrtvo, tako je i vera bez dobrih dela mrtva."*

Vi možete da pokažete svoju veru svojim delima samo kada u svome srcu verujete u Božju Reč, a ne kada je kao delić znanja skladištite. Kada je znanje usađeno u vašem srcu, dela će pratiti.

Zato, ako ste vi pre mrzeli, možete biti transformisani u onog koji voli druge. ste bili lopov, vi možete biti transformisani u onog koji više ne krade. Ako i dalje živite u tami sa ljubavlju za ovim svetom i samo svojim usnama priznate veru, vaša vera je mrtva zato što nema nikakve veze sa spasenjem.

Napisano je, takođe, u 1. Jovanovoj Poslanici 1:7: *„Ako li u videlu hodimo, kao što je On sam u videlu, imamo zajednicu jedan s drugim, i krv Isusa Hrista, Sina Njegovog, očišćava*

*nas od svakog greha."*
Međutim, kad je istina u vama, vi prirodno hodate u svetlu zato što živite po istini. Postajete pravedni, na osnovu borbe u svom srcu, kako izlazite iz tame i ulazite u svetlo tako što odbacujete svoje grehove. Nasuprot tome, vi lažete Boga ako još uvek živite u tami i činite greh i zlo. Zato, vi brzo morate da dosegnete veru praćenu delima.

## Vi morate da hodate u svetlu

Bog nam zapoveda da se borimo protiv greha do tačke prolivanja naše krvi (Poslanica Jevrejima 12:4) zato što On želi da budemo savršeni kao što je i On savršen (Jevanđelje po Mateju 5:48) i sveti kao što je i On svet (1. Petrova Poslanica 1:16).

U vreme Starog Zaveta, ljudi su bili spašeni samo ako su njihova dela bila savršena; oni nisu morali da odbace grehove iz srca zato što je ljudima nemoguće da se kao ljudska bića svojom snagom oslobode svojih grehova.

Da možete da sami oterate grehove, Isus ne bi morao da dođe u telu. Međutim, zato što ne možete da rešite problem greha niti biti spašeni samo svojim mogućnostima i snagom, Isus je bio raspet, i On daje Sveti Duh kao dar svakome ko veruje i vodi ga ka spasenju.

Na ovaj način, vi možete oterati svako zlo uz pomoć Svetog Duha i sudelujete u božanskoj prirodi zato što vam Sveti Duh, kad dođe u vaše srce, daje svest o grehu, pravičnosti i rasuđivanju.

Zbog toga, vi ne treba da budete zadovoljni samo time da prihvatate Isusa Hrista, nego i da se neprestano molite, oterate sve vrste zla i hodate u svetlu uz pomoć Svetog Duha sve dok ne budete sposobni da sudelujete u božanskoj prirodi.

Jedini način da posedujete Nebesa je da imate duhovnu veru praćenu delima, kao što nalazimo u Jevanđelju po Mateju 7:21: „*Neće svaki koji Mi govori: 'Gospode, Gospode,' Ući u carstvo Nebesko; no koji čini po volji Oca mog koji je na Nebesima.*" Vi takođe morate da ulažete sve napore sve dok ne dostignete meru očeve vere zbog toga što se mesto boravka na Nebu određuje na osnovu mere vere svakog ponaosob.

Ja se nadam da ćete vi sudelovati u božanskoj prirodi i posedovati Novi Jerusalim u kome je smešten Božji presto.

## 2. Nebo je pretrpelo nasilje

Bog dozvoljava da požnjemo što smo posejali i nagrađuje nas onako kako radimo zato što je pravedan. Isto tako je čak i na Nebu, svakoj osobi kao nagrada dodeljeno različito mesto boravka u skladu sa njegovom merom vere i različita nagrada je data svakoj osobi onoliko koliko služi i posvećuje sebe za Božje carstvo. Bog, koji je ne štedeći čak žrtvovao Svog jednog i jedinog Sina da nama podari Nebesa i večni život, nestrpljivo čeka da Njegova deca uđu i žive večno sa Njim na najboljem mestu boravišta na Nebu, Novom Jerusalimu.

Kroz istoriju sveta, neka jaka nacija je generalno vodila rat protiv relativno slabije nacije, i širila svoju teritoriju. Da osvoji teritoriju druge nacije, jedna nacija je morala da napadne drugu naciju i porazi je u ratu.

Na isti način, ako ste Božja deca sa pravom boravka na Nebu, vi morate da napredujete prema Nebu sa žarkom nadom, zato što vrlo dobro znate o tome. Neki se možda čude kako se usuđujemo da napredujemo prema Raju, koji je kraljevstvo svemogućeg Boga. Zato moramo prvo da razumemo duhovno značenje „Nebo je pretrpelo nasilje" i tek onda kako da ga u stvari silom uzmemo.

## Od vremena Jovana Krstitelja

Isus nam govori u Jevanđelju po Mateju 11:12: *„A od vremena Jovana Krstitelja do sad carstvo nebesko na silu se uzima, i siledžije dobijaju ga."* Vreme pre Jovana Krstitelja se odnosi na dane Zakona, tokom kojih su ljudi bivali spašeni kroz njihova dela.

Stari Zavet je senka Novog Zaveta, proroci su dali ljudima da znaju o Jehovi i prorokovali su o Mesiji. Međutim, od vremena Jovana Krstitelja, nova epoha Novog testamenta, naime Novo Obećanje, je otvorena a završila se sa proročanstvima Starog Zaveta.

Naš Spasitelj Isus pojavio se na pozornici istorije ljudskog čovečanstva ne kao senka već kao samo Biće Lično. Jovan Krstitelj počeo je da svedoči o Isusu koji je došao na ovaj način. Od tada, počela je era milosti u kojoj je svako mogao da dobije spasenje prihvatanjem Isusa kao svog Spasitelja a onda i primanjem Svetog Duha.

Svako ko prihvati Isusa Hrista i veruje u Njegovo ime dobija pravo da postane Božje dete i uđe u Raj. Bog je, međutim, razdvojio Raj na nekoliko mesta boravka i dozvoljava da svako od Njegove dece ima to mesto shodno sa njegovom ili njenom merom vere, zato što je Bog pravedan i uzvraća svakom pojedincu onako kako su on ili ona uradili. Šta više, samo oni koji su bili potpuno posvećeni time što su živeli po Reči, i kompletno su ispunili svoju misiju mogu da uđu u Novi Jerusalim u kome je Božji tron.

Prema tome, vi bi trebalo da budete nasilnik pa da polažete pravo na bolje mesto boravka u Raju zato što ćete otići na drugo mesto boravka shodno sa vašom merom vere, čak iako se sam ulazak u Raj dobija verom.

Od vremena Jovana Krstitelja do Drugog dolaska Gospodnjeg u vazduhu, svako ko se uzdigne ka Raju će imati pravo na njega. Isus nam govori u Jevanđelju po Jovanu 14:6: „*Ja sam put i istina i život; niko neće doći k Ocu do kroza me.*"

Gospod nam govori da niko ne dolazi do Oca osim kroz Njega zato što je On put koji vodi do Raja, sama istina i život. Iz ovog razloga, On je došao na ovaj svet, svedočio Bogu kako bi mi mogli da jasno razumemo Boga i učio nas o Sebi, kako da stignemo u Raj dajući nam lični primer.

### Raj je podeljen na različita boravišna mesta

Raj je Božje kraljevstvo gde će Njegova spašena deca živeti večno. Za razliku od ovog sveta, to je kraljevstvo mira bez promena i kvarenja. Ono je ispunjeno radošću i srećom bez bolesti, tuge, bola i smrti zato što tamo nisu neprijatelj Sotona i đavo i greh.

Čak iako pokušamo da zamislimo kako Raj izgleda, vi ćete biti potpuno zapanjeni i oduševljeni kada vidite pravu lepotu i svetlost Raja. Koliko prelepo je Svemogući Bog i Tvorac univerzuma napravio Raj gde će Njegova deca živeti večno! Ako pažljivo proučite Bibliju, naći ćete da je Raj podeljen na više mesta boravka.

Isus govori u Jevanđelju po Jovanu 14:2: „*Mnogi su stanovi u kući Oca mog. A da nije tako, kazao bih vam; idem da vam pripravim mesto.*" Nehemija je takođe spomenuo nekoliko „raja": „*Ti si sam Gospod. Ti si stvorio nebo, nebesa nad nebesima i svu vojsku njihovu, zemlju i sve što je na njoj, mora i sve što je u njima. Ti oživljavaš sve to, i vojska nebeska Tebi se klanja*" (Nehemija 9:6).

U staro vreme, ljudi su mislili da ima samo jedan Raj ali u današnje vreme sa razvojem nauke, mi znamo da postoje brojni prostori drugačiji od prostora koji možemo da vidimo golim okom. Na naše iznenađenje, Bog je već zapisao ovu činjenicu u Bibliji.

Na primer, Kralj Solomon je priznao da postoje mnoga nebesa: „*Ali hoće li doista Bog stanovati na zemlji? Eto, nebo i nebesa nad nebesima ne mogu Te obuhvatiti, a kamoli ovaj dom što ga sazidah?*" (1. Knjiga Kraljevima 8:27) Apostol Pavle je priznao u 2. Knjizi Korinćanima 12:2-4 da je ušao u Raj na trećem Nebu, a Otkrivenje Jovanovo 21 opisuje Novi Jerusalim u kome je Božji tron.

Zato vi treba da priznate da se Raj ne sastoji od samo jednog mesta od boravišta, već mnogih mesta boravišta. Ja ću razvrstati Nebo na nekoliko mesta shodno sa merom vere i nazvaću ih Rajem, Prvim Kraljevstvom, Drugim Kraljevstvom, Trećim Kraljevstvom i Novim Jerusalimom. Raj je za one sa najmanjom verom; Prvo Kraljevstvo je za one sa boljom verom od onih u Raju; Drugo Kraljevstvo je za one sa boljom verom od onih u Prvom Kraljevstvu; Treće Kraljevstvo je za one sa boljom verom od onih u Drugom Kraljevstvu. U Trećem Kraljevstvu je Sveti Grad Novi Jerusalim gde je Božji tron.

## Nebesko kraljevstvo trpi nasilje od onih koji imaju veru

U Koreji se nalaze ostrva kao što su Ul-lung i Jeju, seoski i planinski predeli, mali i veliki gradovi i područja metropola. U glavnom gradu Seulu je predsednička palata, Čeong Va Dae (Cheong Wa Dae).

Baš kao što je i nacija podeljena na više okruga zbog administrativnih pogodnosti i namena, kraljevstvo Nebesko je takođe podeljeno na više boravišnih mesta u skladu sa strogim standardima. Drugim rečima, vaše boravišno mesto se određuje u granicama po kojima ste živeli po srcu Božjem.

Bog je zadovoljan kada živite u nadi za Nebom zato što je to dokaz da imate veru, i u isto vreme, to je prečica za vas da dobijete bitku protiv neprijatelja Sotone i đavola i postanete posvećeni tako što brzo odbacite vaša telesna dela i želje.

Nakon što prihvatite Isusa Hrista počinjete da shvatate da je lako da odbacite telesna dela, ali nije lako da odbacite telesne želje, osobine greha koje su ukorenjene u vama.

Zbog toga oni koji imaju iskrenu veru neprestano pokušavaju da se mole i poste tako da mogu postati sveta deca Božja time što potpuno odbacuju čak i telesne želje.

Kraljevstvo je ispunjeno samo verom i svako mesto boravka je dodeljeno u skladu sa onim šta je neko učinio zato što je Nebo tamo gde Bog vlada pravdom i ljubavlju. Drugim rečima, mesto boravka za onog koji je na prvom nivou vere se razlikuje od mesta boravka onog koji ima drugi ili treći nivo vere, i tako dalje. Na što većem nivou vere se nalazite, u lepše i glamuroznije mesto boravka na Nebu ćete ući.

## Morate napredovati prema Nebu

Zato, ako ste samo kvalifikovani da uđete u Raj, vi morate da se borite da napredujete ka Prvom kraljevstvu i boljim mestima boravka na Nebu. Dok napredujete ka Nebu, protiv koga se borite? To je stalna bitka koja se odvija protiv đavola da bi vi mogli da se držite vaše vere na ovom svetu i napredujete ka kapijama Neba.

Neprijatelj Sotona i đavo čine svaki napor da vode ljude protiv Boga kako oni ne bi otišli na Nebo; da ih dovode u sumnju tako da ne mogu imati veru; i na kraju da ih vode do smrti tako što im dozvoljavaju da počine grehove. Zbog toga morate pobediti đavola. Vi ćete ući na bolje mesto boravka samo onda kada nalikujete Gospodu po borbi protiv grehova sve do tačke prolivanja vaše krvi.

Pretpostavimo da imamo nekog boksera. On trpi sve vrste teških treninga da postane svetski šampion. Bokser zna da bi preko ovako napornog treninga mogao da postane svetski šampion i da onda uživa u poštovanju, bogatstvu i uspehu. Međutim, on mora da prođe kroz bolne treninge i borbu protiv sebe samog sve dok ne osvoji titulu šampiona.

Isto je i sa polaganjem prava na Nebo tako što napredujete ka njemu. Vi treba da bijete bitku da postanete posvećeni tako što ćete odbaciti svako zlo i ispuniti Bogom dane dužnosti. Morate da dobijete duhovnu bitku da posedujete Nebo tako što ćete se revnosno moliti čak iako vas neprijatelj Sotona i đavo neprestano ometaju u borbi napredovanja ka nebeskom kraljevstvu.

Jednu stvar treba da znate, a to je da borba protiv đavola u stvari i nije toliko teška. Svako ko ima veru je sposoban da pobedi u borbi protiv neprijatelja Sotone i đavola zato što mu Bog pomaže i vodi ga sa nebeskom vojskom i anđelima, i Svetim Duhom.

Treba da dosegnemo Nebo tako što napredujemo ka njemu i sa verom osvojimo pobedu. Nakon što bokser osvoji titulu šampiona, on mora da stremi da zadrži titulu. Međutim, borba da uđete na Nebo je radosna i prijatna jer što se više bližite pobedi, breme vaših grehova postaje lakše. Kad god pobedite u borbi vi ste tako zadovoljni, a borba dan za danom postaje lakša zato što se sve odvija dobro po vas, i vi možete da uživate u dobrom zdravlju onoliko koliko vaša duša napreduje.

Pored toga, čak i kad bokser postane svetski šampion i dobije čast, bogatstvo i uspeh, sve to nestaje sa njegovom smrću. Ipak, slava i blagoslovi koje dobijate nakon borbe u napredovanju ka Nebu traju zauvek.

Za šta bi, onda, trebalo da date sve od sebe i borite se? Vi treba da budete mudra osoba koja dobija bolje Nebo nasilnim napredovanjem ka njemu, u težnji ka večnim a ne zemaljskim stvarima.

## Ako želite da verom napredujete ka Nebeskom Kraljevstvu

Kada Isus objašnjava Nebesko kraljevstvo, On uči ljude kroz alegorije koje prikazuju ovozemaljske stvari kako bi ljudi mogli bolje to da razumeju. Jedna od tih je alegorija o semenu goruščice.

*On je predstavio drugo upoređenje njima, govoreći: „Carstvo je nebesko kao zrno goruščičino koje uzme čovek i poseje na njivi svojoj; Koje je istina najmanje od* sviju semena, ali kad uzraste, veće je od svega povrća, i bude drvo da ptice nebeske dolaze, i sedaju na njegovim granama" (Jevanđelje po Mateju 13:31-32).

Kada povučete crticu na parčetu papira hemijskom olovkom, vrlo mala mrlja će ostati na njemu. Njegova veličina je mala kao seme gorčice. Čak i ovo malo seme će porasti u veliko drvo, tako da će ptice iz vazduha doći i sedeti na granama. Isus koristi ovu priču da pokaže proces rasta vere; čak iako imate malu veru sada, možete je odnegovati u veliku veru.

Isus nam u Jevanđelju po Mateju 17:20: *"Jer vam kažem zaista, ako imate vere koliko zrno gorušičino, reći ćete gori ovoj: Pređi odavde tamo, i preći će, i ništa neće vam biti nemoguće."* U odgovoru zahteva Njegovih učenika da „širi našu veru," Isus odgovara u Jevanđelju po Luki 17:6: *"Kad biste imali vere koliko zrno gorušičino, i rekli biste ovom dubu: ‚Iščupaj se i usadi se u more, i poslušao bi vas.'"*

Možda se pitate kako možete pomeriti drvo ili planinu komandom sa verom veličine semena gorčice. Ipak, čak i najmanje slovo ili majušna crta olovke neće ni pod kakvim uslovima nestati iz Reči Božje.

Šta je, onda, duhovno značenje ovih stihova? Vama je data vera mala kao seme gorčice kada prihvatite Isusa i primite Sveti Duh. Ova mala vera će da isklija i poraste kada je posadite na poljima vašeg srca. Kada izraste i postane velika vera, vi možete da pomerite planinu samo ako joj naredite, i takođe manifestujete velika Božja dela kao što je omogućavanje da slepac progleda, gluv da čuje, mutav progovori i mrtav oživi.

Nije dobro da mislite da nemate nimalo vere zato što ne

možete da pokažete dela Božje moći ili još uvek imate probleme u vašoj porodici ili u poslu. Vi idete ka putu večnog života time što idete u crkvu, hvalite i molite se, zato što imate veru malu kao seme gorčice. Vi jednostavno ne doživljavate moćna dela Božja zato što je mera vaše vere još uvek mala.

Dakle, vaša vera koja je mala kao seme gorčice mora da poraste da postane velika vera dovoljna da pomeri planinu. Baš kao kada posadite seme grožđa i negujete ga dok klija, cveta i daje plod, vaša vera takođe raste kroz sličan proces.

### Morate da imate duhovnu veru

Isto je i sa napredovanjem ka nebeskom kraljevstvu. Ne možete da uđete u Novi Jerusalim samo ako kažete: „Da, ja verujem." Morate da ga dosegnete korak po korak, počevši od Raja sve dok ne stignete u Novi Jerusalim. Kako bi došli do Novog Jerusalima, morate jasno da znate kako do tamo da stignete. Ako ne poznajete put, vi ne možete da ga dosegnete ili možete naići na zastoj uprkos vašim naporima.

Izraelci koji su izašli iz Egipta gunđali su protiv Mojsija i žalili su zato što nisu imali dovoljno vere da razdvoje Crveno more. Onda je Mojsije, koji je imao veliku veru dovoljnu da pomeri planinu, morao da razdvoji Crveno more na dva dela. Ipak je vera izraelaca bila u zatišju iako su upravo bili svedoci razdvajanja Crvenog mora.

Umesto toga, oni su napravili lik teleta i klanjali su mu se dok je Mojsije postio i molio se na planini Sinaj da dobije Deset zapovesti (Postanak 32). Na ovo se Bog uznemirio i reče Mojsiju: „Da se raspali gnev moj na njih i da ih istrebim; ali od tebe ću *učiniti narod velik"* (stih. 10). Izraelci još nisu imali duhovnu veru da se povinuju Bogu čak iako su videli mnogo čuda i znakove koja su se manifestovala kroz Mojsija.

Na kraju, prva generacija Izraelaca u vreme Izlaska nije mogla da uđe u zemlju Kanan osim Isusa Navina i Kaleba. Kakva je bila druga generacija od Izlaska sa Isusom Navinom i Kalebom? Čim su sveštenici koji su nosili Božji kovčeg stupili u reku Jordan pod vođstvom Isusa Navina, voda je prestala da teče i svi Izraelci su mogli da je prođu.

Šta više, slušajući Božju zapovest, oni su marširali oko grada Jerihona sedam dana i glasno uzviknuli, i onda se jaki Jerihon srušio. Oni su mogli da iskuse veličanstveno delo Božje moći ne zato što su imali fizičku moć, već zato što su se podredili vođstvu Isusa Navina, koji je imao veru da pomeri čak i planinu. Više od toga, do tog vremena Izraelci su takođe dostigli duhovnu veru.

Kako je Isus Navin mogao da ima tako veliku i jaku veru? Isus Navin je mogao da nasledi iskustvo i veru Mojsijevu sa kojim je zajedno proveo četrdeset godina u divljini. Baš kao što je i Jelisej nasledio dvostruki deo Ilijinog duha prateći ga do kraja, Isus Navin kao naslednik Mojsijev, koga je priznao Bog, postao je čovek velike vere tako što je služio i povinovao se Mojsiju dok ga je pratio. Kao ishod, on je prikazao moćno delo tako što je zaustavio čak i sunce i mesec (Isus Navin 10:12-13).

Isto je tako i sa Izraelcima koji su pratili Isusa Navina. Prva generacija Izlaska, koji su bili stari dvadeset godina ili stariji, patili su četiri decenije i umrli u pustinji. Ipak, njihovi potomci koji su pratili Isusa Navina mogli su da uđu u Hanan zato što su dostigli posedovanje duhovne vere kroz razne vrste teškoća i iskušenja.

Vi morate jasno da razumete duhovnu veru. Neki ljudi kažu

da su nekad u prošlosti imali toliko dobru veru da su bili verne sluge u njihovoj crkvi. Ipak, oni kažu da više nisu verni zato što je njihova vera nekako nestala. Njihova tvrdnja nije važeća jer se duhovna vera nikad ne menja. Njihova vera is prošlosti se promenila jer to nije bila duhovna vera nego vera kao znanje. Da je to stvarno bila duhovna vera, ona se ne bi promenila ili izbledela čak i nakon mnogo vremena.

Pretpostavimo da imamo belu maramicu. Kad vam je pokažem, ja pitam: „Da li verujete da je ova maramica bela?" Vi ćete sigurno reći: „Da." Opet, pretpostavimo da je prošlo deset godina i, dok držim istu maramicu, ja sam vas pitao: „Ovo je bela maramica. Da li verujete?" Kako bi vi odgovorili? Niko nebi bio skeptičan u vezi boje ili rekao da je to crna maramica čak i posle toliko vremena. Za istu maramica za koju sam verovao da je bela pre deset ili dvadeset godina, ja bih i dalje verovao da je i danas bela.

Evo još jednog priče. Kada idete na hodočašće u Svetu Zemlju, videćete da prodaju seme gorčice zamotano u papir. Jednog dana, neki čovek je kupio i u polju posejao seme gorčice ali ono nije niklo; životne sile u semenu su umrle zato što ono nije predugo posejano.

Isto tako, čak i ako ste prihvatili Isusa Hrista, primili Svetog Duha, i imate veru tako malu kao seme gorčice, Sveti Duh u vama može izbledeti ako vi duže vreme ne posadite veru u polju svog srca. Zato 1. Solunjanima Poslanica 5:19 upozorava: „*Duha ne gasite.*" Vaša vera, čak iako je sada mala kao seme gorčice, može postepeno rasti kada je posadite u polju vašeg srca i na delu pokazujete svoju veru. Međutim, ako vi nakon što ste primili Svetog Duha dugo vremena ne živite po Reči Božjoj, vatra Duha može da se ugasi.

## Zgrabiti Nebo duhovnom verom

Zbog toga morate živeti po Božjoj Reči ako ste prihvatili Isusa Hrista i primili Sveti Duh. U pokoravanju Božjoj Reči, vi morate da odbacite grehove, da se molite, slavite, družite se sa braćom i sestrama u Gospodu, širite jevanđelje i volite jedni druge.

Vaša vera će rasti ako je na ovaj način gajite. Na primer, dok se družite sa vašom braćom po veri, vaša vera je može da raste, zato što slavite Gospoda tako što delite svedočenja i međusobno u istini razgovarate.

Možete da primetite da na čovekovu veru utiču oni sa kojima se druži. Ako roditelji imaju dobru veru, njihova deca će najverovatnije imati dobru veru. Ako vaš prijatelj ima dobru veru, vaša vera takođe raste zato što ona liči na veru od vaših prijatelja.

Sa druge strane, zbog toga što neprijatelj Sotona i đavo pokušavaju da oduzmu vašu veru, vi ne trebate samo da se uvek naoružate Božjom Rečju, nego i da se neprestano molite da dobijete duhovnu bitku tako što ćete uvek biti radosni i zahvaljivati pod svim okolnostima uz Božju moć i autoritet.

Tada će vaša vera, koja je mala kao seme gorčice, izrasti u veliko drvo puno lišća i cvetova, i na kraju će roditi mnogo plodova. Vi će te biti u stanju da slavite Boga tako što će te obilno proizvoditi devet plodova Svetog Duha, plod duhovne ljubavi i plod svetlosti.

Vi znate koliko farmer mora uložiti napora i imati strpljenja od momenta kad zasadi seme do ubiranja plodova. Na isti način, mi ne možemo posedovati Nebo tako što ćemo jednostavno odlaziti u crkvu. Da bi se to dogodilo mi takođe moramo da stremimo i da se duhovno borimo.

Kada evangelizujete ljude, možda sretnete neke koji kažu da prvo hoće da zarade mnogo para i uživaju u životu, a da ide u crkvu kasnije kad su malo stariji. Kako su budalasti oni! Vi ne znate šta će biti sutra ili kad kad se naš Gospod vrati.

Pored toga, vi ne možete u jednom danu steći veru i vera ne raste za kratko vreme. Naravno, možete da imate veru kao znanje koliko vam je volja. Međutim, vi ste sposobni da imate Bogomdanu duhovnu veru samo kada shvatite Božju Reč i revnosno živite po njoj.

Farmer ne seje seme bilo gde. On prvo odabere parče obradive zemlje i nađubri je. Onda na tom polju poseje seme i brine se njemu tako što ga poliva, đubri i tako dalje. Samo su tada biljke sposobne da dobro rastu i on je u stanju da obilno žanje. Isto tako, ako imate veru koja je mala kao seme gorčice, vi morate da je zasadite i gajite tako da poraste u veliko drvo na kome mnoge ptice dolaze i odmaraju se.

Sa jedne strane, „ptica" u Priči o Sejaču u Jevanđelju po Mateju 13:1-9 stoji za neprijatelja đavola koji jede seme Božje Reči koje je palo uz put.

Sa druge strane, ptice u Jevanđelju po Mateju 13:31-32 predstavljaju ljude: *„Carstvo je Nebesko kao zrno gorčice koje uzme čovek i poseje na njivi svojoj; a ono je najmanje od sviju semena, ali kad uzraste, veće je od svega povrća, i bude drvo da ptice nebeske dolaze, i sedaju na njegovim granama."*

Baš kao što mnoge ptice sede i odmaraju se na velikom drvetu, kada vaša vera poraste do najveće mere, mnogi ljudi su u mogućnosti da se u vama duhovno odmore zato što vi možete da

delite svoju veru i ojačate ih uz Božju milost.
Takođe, što ste posvećeniji, to više posedujete duhovnu ljubav i vrlinu. Kao rezultat vi će te prigrliti mnoge ljude i ovo je prečica da silom napredujete ka Nebu.
Isus kaže u Jevanđelju po Mateju 5:5: *„Blagosloveni su krotki, jer će naslediti zemlju.* " Ovaj odlomak vas uči da što više vaša vera raste i što krotkiji postajete, nasledićete veće mesto na Nebesima.

## Drugačija slava na Nebu u zavisnosti od nivoa vere

Apostol Pavle komentariše o našim uskrslim telima u 1. Korinćanima Poslanici 15:41: *„Druga je slava suncu, a druga slava mesecu, i druga slava zvezdama; jer se zvezda od zvezde razlikuje u slavi.* " Svako će na Nebu dobiti drugačiju meru slave zato što se Bog svakom odužuje u odnosu na to šta je učinio.

Ovde, „slava sunca" odnosi se na slavu koju će imati oni koji su potpuno posvećeni i verni u celoj Božjoj kući. „Slava meseca" odnosi se na slavu ljudi koji nemaju sunčev sjaj, a „slava zvezde" se odnosi na slavu ljudi koji imaju slabiju veru nego oni sa slavom meseca.

Izraz „jer se zvezda od zvezde razlikuje u slavi" znači da baš kao što se svaka zvezda razlikuje po stepenu svetlosti, svako od nas će dobiti različite nagrade i nebeske kategorije na Nebu posle vaskrsnuća, čak iako uđemo u isto mesto boravka unutar njega.

Na ovaj način, Biblija nam govori da će svako od nas imati različitu slavu kada odemo na Nebo posle našeg vaskrsnuća. To nas navodi da shvatimo da će naša boravišta i nagrade na nebesima biti različiti saglasno sa tim koliko duhovne vere mi posedujemo time što smo oterali svoje grehe i koliko smo verni carstvu Božjem dok živimo na ovom svetu.

Međutim, ljudi koji su bezbožni i lenji u odbacivanju svojih grehova i u vernosti ličnim dužnostima neće moći da uđu na Nebo, nego će umesto toga biti izbačeni napolje u tamu (Jevanđelje po Mateju 25). Iz tog razloga, vi morate da sa verom silom napredujete ka Nebu.

### Kako napredovati prema Nebu

Ljudi na ovom svetu provode ceo svoj život da bi zaradili bogatstva koja ne mogu da imaju večno. Neki ljudi, stežući kaiš, naporno rade da kupe kuću, dok drugi naporno uče bez dovoljno sna kako bi dobili dobre poslove. Ako ljudi daju sve od sebe da imaju na ovom svetu bolje živote koji traju veoma kratko, koliko više napora trebamo uložiti za večni život na Nebu? Razmotrimo u detalje kako da napredujemo ka Nebu?

Prvo, morate se povinovati Božjoj Reči. On vas podstiče da gradite spasenje svoje sa strahom i drhtanjem (Poslanica Filipljanima 2:12). Neprijatelj sotona i đavo će ugrabiti vašu veru kad niste budni. Zbog toga, morate ceniti Božju Reč kao *„slađu od meda koji teče iz saća"* (Psalm 19:10) i pridržavati se nje. Vi ćete biti spašeni ne kad Isusa zovete: „Gospode, Gospode", nego kada se ponašate u skladu sa voljom Božjom uz pomoć Svetog Duha.

Drugo, vi morate da obučete ceo Božji oklop. Da bi bili jaki u Gospodu u Njegovoj ogromnoj moći i zauzmete stav protiv spletki neprijatelja đavola, vi morate da obučete ceo Božji oklop. Vaša borba nije protiv krvi i mesa, nego s poglavarima i vlastima, i sa silama ovog mračnog sveta, s duhovima pakosti u nebeskim carstvima. Zato, samo kad obučete ceo Božji oklop, ćete vi biti sposobni da se odbranite kad zli dan dođe i da se održite na nogama se nakon što ste sve učinili (Poslanica Efežanima 6:10-13). Zato, vi morate čvrsto da stojite opasani kaišem istine oko vašeg struka, sa grudobranom pravednosti na mestu i sa nogama opremljenim spremnošću koja dolazi iz jevanđelja mira. Kao dodatak svemu tome, podignite štit vere kojim možete ugasiti sve vatrene strele nečastivog. Uzmite šlem spasenja i mač Duha, koji je Reč Božja. I molite se u Duhu u svim prilikama sa svim vrstama molitvi i molbi. Sa time na pameti, budite budni i uvek nastavljajte da se molite (Poslanica Efežanima 6:14-18). Vaše boravište na Nebu će biti određeno na osnovu toga koliko na sebe stavljate pun oklop Božji i koliko mnogo porazite neprijatelja Satanu i đavola.

Treće, morate uvek da imate duhovnu ljubav. Sa verom, vi ste u stanju da odete na Nebo, a sa nadom za Nebo, u stanju ste da istrajete u istini. Sa snagom ljubavi, vi ste takođe sposobni da budete posvećeni i verni u svim svojim dužnostima.

Šta više, možete da uđete u Novi Jerusalim, najlepše mesto na Nebu, kada dostignete savršenu ljubav. Vi morate da dostignete savršenu ljubav da bi boravili u Novom Jerusalimu gde je Bog, jer On je ljubav.

Kao što nam Apostol Pavle govori u 1. Korinćanima Poslanica 13:13: *„A sad ostaje vera, nada, ljubav, ovo troje; ali je ljubav najveća među njima."* vi morate da napredujete prema Nebu sa duhovnom ljubavlju. Pored toga, morate da znate da će boravište na Nebu biti određeno u zavisnosti od toga koliko dostignete ljubav.

## 3. Različita mesta boravka i nagrade

Ljudi u trodimenzionalnom svetu ne mogu da znaju o Nebu, koje je deo četvorodimenzionalnog sveta. Međutim, kao čovek vere, vi postajete uzbuđeni i puni radosti čak i na zvuk reči „Nebo," zato što je nebesko kraljevstvo vaš dom u kome ćete živeti večno. Ako do detalja naučite o Nebu, ne samo da će vaša duša napredovati već i vaša vera će rasti brže zato što postajete puni nade za nebesko kraljevstvo.

Na Nebu ima mnogo mesta boravka koje je Bog pripremio za Svoju decu (Knjiga Postanka 10:14, 1. Knjiga Kraljeva 8:27, Jeremija 9:6, Psalmi 148:4, Jevanđelje po Jovanu 14:2). Svako od vas će imati različito mesto boravka u skladu sa svojom merom vere i zato što je Bog pravedan, On vam daje da žanjete kao što ste i posejali (Galaćanima 6:7) i nagrađuje vas u skladu sa onim šta ste uradili (Jevanđelje po Mateju 16:27, Otkrovenje Jovanovo 2:23).

Kao što sam već napomenuo, Nebesko kraljevstvo je podeljeno na više različitih mesta kao što je Raj, Prvo Kraljevstvo, Drugo Kraljevstvo i Treće Kraljevstvo u kome je Novi Jerusalim. Božji tron je u Novom Jerusalimu, baš kao što je i službeno sedište predsednika Koreje, Čeong Va Dae, u glavnom gradu Seula, a službeno sedište predsednika Ujedinjenih Država, Bela Kuća, je u glavnom gradu Vašingtonu (Washington, D.C).

Biblija nam takođe govori o nekoliko vrsta kruna, koje će biti date kao nagrade Božjoj deci. Među mnogim misijama, dovođenje duša pred Gospoda i izgradnja Njegovog hrama je dostojno najvećih nagrada.

Ima više načina da se duše dovedu do Gospoda. Možete

učestvovati u evangelizaciji ljudi, pomoći u naporima davanjem različitih vrsta darova, ili da indirektno evangelizujete ljude tako što ćete svojim različitim talentima verno raditi za kraljevstvo Božje. Takvi posredni načini dovođenja duša do Gospoda su takođe važni za širenje kraljevstva Božjeg, baš kao što vam je i svaki deo tela neophodan.

Ipak, direktno učešće u evangelizaciji ljudi i izgradnji hrama u kome se ljudi okupljaju za Božje službe, zaslužuje najveće nagrade jer ovo odgovara gašenju Isusove žeđi i uzvraćanju za Njegovu krv.

Postoje različiti standardi po kojima zaslužujete krunu Nebesku, i stepen njihove dragocenosti se razlikuje od jedne krune do druge. Prema kruni svake osobe, vi ćete moći da prepoznate njegovu ili njenu meru posvećivanja, nagradu, i nebesko mesto boravka, baš kao što su ljudi mogli u vreme monarhije da odrede nečiji socijalni status po njegovoj ili njenoj odeći.

Dozvolite nam da se udubimo u odnose mere vere, mesta boravka u Nebeskom kraljevstvu i dodeljenih kruna.

### Raj za ljude sa prvim nivoom mere

Raj je najniže mesto na Nebu, a ipak je nezamislivo radosno, srećno, lepo i smireno mesto u poređenju sa ovim svetom. Šta više, koliko blaženo mesto bi bilo uz činjenicu da tamo uopšte nema greha! Raj je mnogo bolje mesto od Rajskog Vrta gde je Bog postavio Adama i Evu nakon što ih je stvorio.

Raj je prelepo mesto gde je Reka Života, koja nastaje od

Božjeg trona, ulazi unutra nakon što izlazi iz Trećeg Kraljevstva, Drugog Kraljevstva i Prvog Kraljevstva. Na svakoj strani Reke stoji drvo života, koje rađa dvanajest plodova, i daje svoj plod svakog meseca (Otkrivenje Jovanovo 22:2). Raj je za one koji su prihvatili Isusa Hrista ali nemaju dela vere. To jest, ljudi na prvom nivou vere koji su jedva primili spasenje i Svetoga Duha, ulaze u Raj. Nijedna kruna ili nagrada im nije data zato što nisu pokazali nikakva dela vere.

U Jevanđelju po Luki 23:43 nalazimo da je na krstu Isus rekao razbojniku sa jedne Svoje strane: „Zaista ti kažem danas, bićeš sa mnom u raju." To ne mora bezuslovno da znači da Isus boravi samo u Raju; Isus je svuda na Nebu zato što je On Gospodar Neba. Vi takođe možete da pročitate u Bibliji da je Isus nakon smrti otišao u Gornju grobnicu, a ne u Raj.

Efežani 4:9 pitaju: „*Sada ovaj izraz, 'On gospodari,' a šta iziđe, šta je, osim da i siđe u najdonja mesta zemlje?*" Takođe u 1. Petrova Poslanica 3:18-19 nalazimo: „*Jer i Hristos jedanput za grehe naše postrada, pravednik za nepravednike, da nas privede k Bogu, ubijen, istina, bivši telom, no oživevši Duhom; Kojim sišavši propoveda i duhovima koji su u tamnici.*" Drugim rečima, Isus je otišao u Gornju Grobnicu i tamo propovedao jevanđelje i ponovo se podigao trećeg dana.

Zato, kada Isus kaže: „*Danas ti ćeš biti samnom u Raju*" znači da je Isus predvideo činjenicu u veri da će razbojnik biti spašen i odveden gore u Raj. Razbojnik je jedva primio sramno spasenje i otišao u Raj zato što je on samo prihvatio Isusa neposredno pre smrti, i nije uložio nikakav napor da se bori protiv grehova ili da ispuni svoju dužnost za kraljevstvo Božje.

## Prvo kraljevstvo Nebesko

Kakvo mesto je Prvo Kraljevstvo Nebesko? Baš kao što postoji velika razlika u načinu života između Raja i ovog sveta, Prvo Kraljevstvo Nebesko je neuporedivo srećnije i radosnije mesto od Raj.

Ako bi se sreća onoga koji je otišao u Prvo Kraljevstvo uporedila sa srećom zlatne ribice u akvarijumu, radost onoga koji je ušao u Drugo Kraljevstvo može se uporediti sa radošću kita u prostranom Tihom okeanu. Baš kao što se zlatna ribica iz akvarijuma oseća najudobnije i srećna je kada je u akvarijumu, onaj koji je otišao u Prvo Kraljevstvo se oseća zadovoljno zato što je tamo i oseća pravu sreću.

Sada znate da postoje razlike u meri radosti između svakog nebeskog mesta boravka. Da li možete da zamislite koliko veličanstven život je onaj koji ćete uživati u Novom Jerusalimu gde je Božji tron? On će biti brilijantan, lep i oduzeće vam dah više od svega što ste ikada zamišljali. Zbog toga morate da marljivo negujete veru i nadate se za Novi Jerusalim, a ne da ste zadovoljni što ste dostigli Raj ili Prvo Kraljevstvo.

Ako postanete dete Božje time što ste prihvatili Isusa Hrista kao vašeg Spasitelja, pomoću Svetog Duha vi uskoro možete da dostignete drugi nivo vere u kome možete da pokušate da živite po Reči Božjoj. U ovoj etapi, vi činite napor da održite Njegovu Reč koliko god da ste je naučili, ali još niste savršeni u načinu življenja po njoj.

Isto je sa bebom ne starijom od godinu dana koja uprkos ponovljenim padovima uzaludno pokušava da stoji. Nakon mnogo vežbi, ona će na kraju da stane, ljulja se u hodu, i uskoro će pokušati da trči. Kako će majci ljupka i neodoljiva biti njena beba ako nastavi da raste na ovaj način? Isto je i sa etapama vere. Baš kao što beba pokušava da stoji, hoda i trči zato što je živa, i vera, zato što isto ima života u sebi, napreduje da dostigne drugi nivo vere, i onda, treći nivo vere. Dakle, Bog daje Prvo Kraljevstvo onima koji su u drugom nivou vere zato što Bog i njih voli.

## Večna kruna

Vi ćete dobiti krunu u Prvom Kraljevstvu Nebeskom. Ima više vrsta kruna na Nebu na način na koji je samo Nebo podeljeno na razna mesta boravka: večna kruna, kruna slave, kruna života, zlatna kruna i kruna pravednosti. Od ovih kruna će, onome koji uđe u Prvo Kraljevstvo, biti dodeljena večna kruna.

Čitamo u 2. Timotejevoj Poslanici 2:5-6: „*Ako i vojuje, ne dobija venac ako pravo ne vojuje. Radin koji se trudi najpre treba da okusi od roda.*" Kao što dobijamo nagradu zbog našeg truda na ovom svetu, mi ćemo takođe dobiti nagradu kada hodamo uskim putem da dostignemo Nebesa.

Atletičar dobija zlatnu medalju ili lovorov venac samo kada se takmiči u skladu sa pravilima i pobedi. Na isti način, vi ćete moći da dobijete krunu samo ako se takmičite u skladu sa Reči Božjom dok nasilno napredujete ka Nebesima.

Isus govori: „*Neće svaki koji Mi govori: 'Gospode! Gospode!' Ući u carstvo nebesko; no koji čini po volji Oca mog koji je na nebesima*" (Jevanđelje po Mateju 7:21). Čak iako neko tvrdi da veruje u Boga, ako ignoriše duhovni zakon,

Božji zakon, njemu ne može biti data ni jedna kruna zato što ima veru samo kao znanje i on je baš kao i atletičar koji se ne takmiči po pravilima.

Međutim, čak iako je vaša vera slaba, vi ćete biti nagrađeni večnom krunom sve dok se trudite da se takmičite u trci u skladu sa Božjim pravilima. Vi ćete dobiti večnu krunu zato što se može smatrati da ste u trci učestvovali i takmičili se u skladu sa pravilima.

Trka nekoga sa verom je duhovna borba protiv neprijatelja đavola i greha. Prava nagrada za onog koji pobedi u trci tako što nadvlada neprijatelja đavola je večna kruna.

Pretpostavimo da posećujete samo jutarnje službe bogosluženja nedeljom, a popodne se srećete sa prijateljima. U ovom slučaju, ne možete dobiti čak ni večnu krunu zato što ste već izgubili bitku protiv neprijatelja Sotone i đavola.

1. Knjiga Korinćanima 9:25 objavljuje da: *„Svaki pak koji se bori od svega se uzdržava. Oni dakle da dobiju raspadljiv venac, a mi neraspadljiv."*

Onako kako striktno trenira svako ko se takmiči i takmiči se u skladu sa pravilima, tako i mi treba da prođemo striktan trening i živimo po Božjoj volji kako bi dostigli Nebesa. Videvši da Bog, pamteći njihove napore, priprema krunu koja neće trajati večno čak i za one koji pokušavaju da žive po Njegovom zakonu na ovom svetu, mi znamo koliko je obilna ljubav našeg Boga!

Pored toga, za razliku od Raja, nagrade su spremljene za one koji dostignu Prvo Kraljevstvo. Dolične nagrade i slava će biti dati onima koji uđu na ovo mesto zato što, u ime Gospodnje, oni čine napore za kraljevstvo Božje.

## Drugo Kraljevstvo

Drugo Kraljevstvo Nebesko je veći nivo od Prvog Kraljevstva. Ljudi u trećem nivou vere, koji žive po Reči Božjoj, mogu da uđu u Drugo Kraljevstvo. U okolini korejanskog glavnog grada Seula, nalaze se satelitski gradovi, a oko tih gradova su predgrađa. Na isti način, na Nebu, Novi Jerusalim je smešten u sredini Trećeg Kraljevstva a oko Trećeg Kraljevstva su Drugo Kraljevstvo, Prvo Kraljevstvo i Raj. Naravno, ovo ne znači da se svako mesto boravka na Nebesima prostire na način na koji i gradovi na ovom svetu.

Sa ograničenim ljudskim znanjem, mi ne možemo da jasno razumemo divno i misteriozno postavljeno Nebo. Vi morate da pokušate da to razumete što je više moguće, a ipak ga možda ne shvatite ispravno čak iako pokušavate da ga oslikate vašim mislima i maštom. Nebo možete da razumete onoliko koliko vaša vera raste zato što Nebo ne može biti objašnjeno ničim na ovom svetu.

Kralj Solomon, koji je uživao u dobrom zdravlju, napretku, i moći, žalio je u njegovim kasnim godinama: *„ ,Taština nad taštinama', veli propovednik, ,Taština nad taštinama! Sve je taština.' Kakva je korist čoveku od svega truda njegovog, kojim se trudi pod suncem?"* (Knjiga Propovednika 1:2-3)

U Poslanici Jakovljevoj 4:14 takođe nas podsećaju: *„Vi koji ne znate šta će biti sutra. On je para, koja se zamalo pokaže, a potom nestane."* Nečije veliko bogatstvo i napredovanje na ovom svetu traje samo jedno vreme i uskoro iščezne.

Upoređen sa večnim životom, život koji danas živimo je

takođe baš kao para koja se pojavi na kratko a onda nestane. Ipak, kruna koju Bog daje je ona večna koja nikad ne nestaje, i to je toliko dragocena i vredna nagrada da će biti nečiji večni izvor ponosa.

Onda, koliko će beznačajan nečiji život biti ako ne daje slavu Bogu dok izražava svoju veru u Njega! Međutim, ako je neko na trećem nivou vere, zato što čini sve u iskrenosti, on će često da čuje kako njegove komšije izjavljuju: „Nakon što sam video tebe, i sam moram da počnem da posećujem crkvu!"

Na ovaj način, on daje slavu Bogu i zbog toga ga Bog nagrađuje sa krunom slave.

### Kruna slave

Nailazimo u 1. Petrovoj Poslanici 5:2-4 kako nam Bog naređuje:

> *Pasite stado Božije, koje vam je predato, i nadgledajte ga, ne silom, nego dragovoljno, i po Bogu, niti za nepravedne dobitke, nego iz dobrog srca; niti kao da vladate narodom; nego bivajte ugledi stadu. I kad se javi poglavar pastirski, primićete venac slave koji neće uvenuti.*

Ako uđete u treći nivo vere, vi ćete podsticati aromu Hristovu zato što vaš govor i vladanje se dovoljno menjaju da postanu svetlost i suze sveta pošto ste odbacili vaše grehove kroz otpor grehovima sve do tačke prolivanja krvi. Ako osoba, koja se lako ljutila i koja je ranije govorila protiv drugih, postane blaga i govori samo dobro o drugima, njegove komšije će reći: „On se toliko promenio od kako je postao Hrišćanin." Na ovaj način, Bog će biti slavljen zbog njega.

Zato, besmrtna kruna slave biće data onome koji postane dobar primer zajednici zato što slavi Njega tako što marljivo odbacuje grehove i veran je svojoj Bogom datoj dužnosti na ovom svetu. Ono što smo uradili u ime Isusa Hrista i šta smo učinili da ispunimo našu dužnost dok smo odbacivali naše grehe biće sakupljeno na Nebu kao nagrada.

Slave ovog sveta će istrunuti, ali sva slava koju dajete Bogu nikada neće nestati, i biće vam uzvraćena kao kruna slave koja nikada neće nestati za navek.

Ponekad se možda zapitate: „Ta osoba je savršena u svakom pogledu, nalik je stavu Gospodnjem od kako je veran Božjem delu. Ipak, zašto još uvek ima zla u njemu?"

U ovakvom slučaju, on još nije potpuno posvećen u borbi protiv njegovih grehova ali slavi Boga dajući sve od sebe da ispuni svoju dužnost. Zbog toga će dobiti krunu slave koja nikad neće nestati.

Zašto se onda to naziva „krunom slave?" Većina ljudi dobija nagradu bar jednom ili dva puta tokom života. Što je veća nagrada koju dobijete, time postajete ponosniji i srećniji. Ipak, kada se kasnije osvrnete, počnete da osećate da je slava ovog sveta bezvredna. To je zato što potvrda zasluge samo postaje ishabani papir, trofej prekriva prašina, a uspomena, nekad toliko snažna, postaje slaba.

Naprotiv, slava koju ćete dobiti na Nebesima nikad se neće promeniti. Zbog toga nam Isus govori: „*Nego sabirajte sebi blago na nebu, gde ni moljac ni rđa ne kvari, i gde lupeži ne*

*potkopavaju i ne kradu"* (Jevanđelje po Mateju 6:20).
Dakle, „kruna slave," kada je upoređujemo sa krunama ovog sveta, pokazuje nam da će njena slava i svetlost zauvek trajati. Videvši da je čak i kruna na Nebu večna i neće iščeznuti, možete da zamislite koliko bi savršeno sve tamo moglo biti.

Onda, kako će se ljudi u nižem mestu Nebesa – u Raju ili u Prvom Kraljevstvu – osećati kada ih neko sa krunom slave poseti? Na Nebesima, ljudi iz manjeg mesta boravka obožavaju i dive se iz dubine srca čoveku sa većom pozicijom, klanjaju mu se, čak i ne podižu oči na način kako se podanici klanja pred kraljem.

Šta više, ljudi ne mrze tu osobu i nisu ljubomorni ili zavidni na njega zato što nema zla na Nebesima. Umesto toga, oni ga gledaju sa poštovanjem i ljubavlju. Na Nebesima, vi nimalo ne osećate nelagodnost ili ponos bilo da se klanjate iz poštovanja ili ste poštovani od drugih zato što živite na višem mestu boravka. Ljudi jednostavno pokazuju svoje poštovanje ili dobrodošlicu drugima sa ljubavlju, uvažavajući jedni druge kao dragoceno biće.

## Treće Kraljevstvo

Treće Kraljevstvo Nebesko je za one koji potpuno žive po Reči Božjoj i imaju veru mučeništva, smatrajući da njihov život ne vredi ništa zato što vole najviše Boga. Ljudi na četvrtom nivou vere su spremni da umru za Gospoda.

Mnogi Hrišćani su bili ubijeni u poslednjim danima dinastije Čosun (Chosun Dynasty) u Koreji. Tokom tog perioda, bilo je velikog proganjanja i ugnjetavanja Hrišćanstva. Vlada je čak obećala nagrade za one koji ih obaveste o boravištu Hrišćana. Međutim, misionari Sjedinjenih Država i Evrope nisu se plašili smrti već su još revnosnije širili jevanđelje. Mnogo ljudi je ubijeno dok se jevanđelje nije rascvetalo kao što to vidimo danas. Zato, ako hoćete da budete misionar u drugoj zemlji, savetujem vam da imate veru mučenika. Mada čovek može trpeti poteškoće dok radi kao misionar u tuđoj državi, on će tamo moći da radi radosno i sa zahvalnošću zato što zna da će patnja i bol biti bogato nagrađeni na Nebesima.

Neki možda misle: „Sada živim u državi u kojoj nema proganjanja zato što ovde postoji sloboda veroispovesti. Ali osećam se užasno jer ne mogu da umrem za kraljevstvo Božje čak iako imam jaku veru da umrem mučeničkom smrću." Ovo, ipak nije taj slučaj. U današnje vreme ne morate da umrete kao mučenik da bi širili jevanđelje kao u vreme rane crkve.

Naravno, ako je potrebno, treba da ima mučenika. Ipak, ako možete da uradite više dela za Boga sa verom da čak žrtvujete i svoj život, zar On ne bi bio još zadovoljniji vama, čak iako ne umrete mučeničkom smrću?

Šta više, Bog koji pretražuje vaše srce zna koju vrstu vere ćete pokazati u životno opasnim situacijama za jevanđelje; On zna dubinu i centar vašeg srca. Možda bi bilo mnogo dragocenije za vas da živite kao živi mučenik, kao što nam stara poslovica kaže: „Živeti je mnogo teže nego umreti."

U našem svakodnevnom životu, mi možemo naići na mnoga pitanja života ili smrti koja zahtevaju od nas veru mučenika. Na primer, moliti se i postiti dan i noć je nemoguće bez jake odlučnosti i vere zato što čovek posti i moli se da dobije Božji odgovor rizikujući da izgubi sopstveni život. Koje vrste ljudi, onda, mogu da uđu u Treće Kraljevstvo Nebesko? Oni koji su potpuno posvećeni mogu da uđu.

U vreme rane crkve, kako je bilo mnogo ljudi koji su bili sposobni da umru za Isusa Hrista, mnogi su mogli da budu kvalifikovani za Treće Kraljevstvo. Međutim, danas, samo ekstremno mali broj ljudi koji su posebno zaslužni time što su odbacili njihove grehove pred Bogom mogu da uđu u Treće Kraljevstvo jer je ljudska bezbožnost velika na zemlji.

Oni sa verom očeva mogu da uđu u Treće Kraljevstvo zato što su odbacili sve grehove tako što su nadjačali sve vrste nevolja i iskušenja, postali potpuno posvećeni, i bili verni sve do tačke smrti. Otuda, Bog ih smatra dragocenim, dozvoljava anđelima i nebeskoj vojsci da ih čuvaju, i pokriva ih sa oblakom slave.

### Kruna života

Koju vrstu krune će ljudi dobiti u Trećem Kraljevstvu? Oni će biti nagrađeni krunom života, baš kao što Isus obećava u Otkrivenju Jovanovom 2:10: *„Budi veran do same smrti, i daću ti venac života."*

Ovde, „biti veran" ne znači samo da ste vi verni vašoj dužnosti u vašoj crkvi. Izuzetno je važno da se odbace sve vrste zla u borbi sa vašim grehovima sve do tačke prolivanja krvi bez nagodbe sa svetom. Kada dostignete čisto i sveto srce borbom protiv grehova sve do tačke prolivanja krvi, vi ćete dobiti krunu života.

Takođe, kruna života biće vam data kada položite svoj život za vaše komšije i prijatelje i kada istrajete u iskušenjima nakon što se oduprete testu (Jevanđelje po Jovanu 15:13, Jakovljeva Poslanica 1:12).

Na primer, kada se ljudi sretnu sa iskušenjima, mnogi od njih nerado istraju bez zahvalnog srca, postaju ljuti bez strpljenja ili se žale Bogu.

Naprotiv, ako neko može da prevaziđe svaku vrstu iskušenja sa radošću, on može biti smatran potpuno posvećenim. Onaj koji voli Boga veoma mnogo može biti veran sve do tačke smrti i može da prevaziđe svaki vrstu iskušenja sa radošću.

Pored toga, postoje velike razlike u kvalitetu ljudskih života u zavisnosti da li su oni na prvom, drugom, trećem, ili četvrtom nivou vere. Oni zli ne mogu čak ni da ugroze osobu u četvrtom nivou vere. Čak i kad ga neka određena bolest napadne, on će je odmah biti svestan.

Tako, on polaže svoje ruke na bolesni deo njegovog tela, i onda ona uskoro nestaje. Šta više, ako je osoba na petom nivou vere, nijedna bolest ne može da ga uhvati zato što ga svetlost slave uvek okružuje.

Božja glavna namera da usavrši ljudska bića na zemlji je da podiže i odgaji iskrenu decu koja mogu da uđu u Treće Kraljevstvo i nadalje. Svako mesto boravka na Nebesima je lepo i srećno za život, ali Nebesa i najiskrenijem smislu je Treće Kraljevstvo i iznad, gde samo Božja sveta i savršena deca mogu da uđu i žive. To je područje koje je odvojeno za iskrenu decu Božju koja su živela u skladu sa voljom Božjom. Ona tamo mogu da se vide sa Bogom licem u lice.

Šta više, zato što Bog ljubavi želi svakome da uđe u Treće Kraljevstvo Nebesko ili više, On vam pomaže da postanete posvećeni pomoću Svetog Duha dajući vam Njegovu milost i moć kada se revnosno molite i čujete Reč života.

Poslovice 17:3 nam govore: „*Topionica je za srebro i peć za zlato, a srca iskušava Gospod.*" Bog pročišćava svakog od nas kako bi nas načinio Svojom iskrenom decom.

Ja se nadam da ćete brzo postati posvećeni tako što ćete se otarasiti vaših grehova u borbi protiv njih sve do tačke prolivanja vaše krvi, i posedovati savršenu veru koju Bog želi da imamo.

## Novi Jerusalim

Što više znate o Nebesima, to su vam misterioznija. Novi Jerusalim je najlepše mesto na Nebesima i udomljava Božji tron. Neki možda ne shvataju ili misle da će sve spašene duše živeti u Novom Jerusalimu, ili da kompletna Nebesa jesu Novi Jerusalim. Međutim, to nije slučaj. U Otkrovenju Jovanovom 21:16-17, veličina grada Novog Jerusalima je zapisana: širina, dužina, i visina, svaka je duga po oko 1.400 milja (ili oko 2.400 kilometara). Njegov obim je oko 5.600 milja. To je površina malo manja od kineskog Zabranjenog grada.

Nebesa mogu biti pretrpana sa spašenim dušama da je Novi Jerusalim sve što su Nebesa. Međutim, kraljevstvo Nebesko je nezamislivo prostrano, a Novi Jerusalim je samo deo njega.

Ko je, onda, kvalifikovan da uđe u Novi Jerusalim?

*Blago onome koji tvori zapovesti Njegove, da im bude vlast na drvo života, i da uđu na vrata u grad* (Otkrivenje Jovanovo 22:14).

Ovde, „haljine" se odnosi na vaše srce i delo, a „da pere haljine" znači da se dobrim ponašanjem spremate da postanete nevesta Isusa Hrista pošto nastavite da čistite vaše srce.

„Da im bude vlast na drvo života," označava da ćete biti

spašeni verom i otići ćete na Nebesa. „Da uđu na vrata u grad" znači da ćete vi proći kapije od perli Novog Jerusalima nakon što prođete kapiju svakog Nebeskog kraljevstva shodno sa rastom vaše vere. To znači da prema obimu vaše posvećenosti možete da dođete bliže Svetom Gradu gde je Božji tron.

Dakle, vi možete da uđete u Novi Jerusalim samo ako ste u petom nivou vere u kome ugađate Bogu time što ste potpuno posvećeni i verni svim vašim dužnostima. Vera da udovoljite Bogu je ona vrsta koja je dovoljna pouzdana da dirne Božje srce i omogući Mu da vas pita: „Šta mogu učiniti za tebe?" čak i pre nego što ga pitate za bilo šta. To je savršena duhovna vera, vera Isusa Hrista koji se na svaki način ponašao prema Božjem srcu.

Isus je bio po samoj prirodi Bog ali On nije smatrao svoju jednakost sa Bogom kao nešto što treba zgrabiti. On je od Sebe napravio ništa i prihvatio pravu prirodu sluge. On je sebe ponizio i postao poslušan do smrti (Poslanica Filipljanima 2:6-8).

Zato Ga je Bog uzdigao do najvišeg mesta i dao mu je ime nad svim imenima (Poslanica Filipljanima 2:9), slavu da sedi sa desne strane Božje, vlast da bude Kralj nad kraljevima, i Gospodar nad gospodarima.

Stoga, kako bi ušli u Novi Jerusalim, vi bi trebalo da se povinujete do tačke smrti kao Isus, ako je to volja Božja. Neki od vas se mogu pitati: „Izgleda da je biti poslušan do smrti van mojih sposobnosti. Da li sam sposoban da dođem do petog nivoa vere?"

Zaista, ova priznanja dolaze zbog vaše slabe vere. Nakon što saznate o Novom Jerusalimu, niko od vas neće izreći takvo priznanje, pošto postajete puni nade za večni život na tako lepom mestu.

Pošto kratko opišem karakteristike i slavu Novog Jerusalima, pustite mašti na volju i uživajte u blaženstvu i prekrasnim prizorima Svetog Grada.

## Lepota Novog Jerusalima

Baš kao što se i nevesta najlepše i najelegantnije sprema da upozna svog mladoženju, Bog priprema i ukrašava Novi Jerusalim na najlepši način. Biblija to opisuje u Otkrivenju Jovanovom 21:10-11:

> *I odvede me u duhu na goru veliku i visoku, i pokaza mi grad veliki, sveti Jerusalim, gde silazi s neba od Boga, i imaše slavu Božiju. I svetlost njegova beše kao dragi kamen, kao kamen jaspis svetli.*

Uz to, zid je napravljen od jaspisa i zid grada ima dvanaest temeljaca. Dvanaest kapija je napravljeno od dvanaest bisera, svaka kapija od jednog jedinog bisera, a velika ulica grada je od čistog zlata, kao providno staklo (Otkrovenje Jovanovo 21:11-21).

Zašto je Bog do detalja opisao ulicu i zid među drugim ogromnim i prelepim građevinama grada? Na ovom svetu, čisto zlato je ono što ljudi cene kao najdragocenije i žele da imaju. Ljudi biraju zlato zato što je ne samo dragoceno već nikad ne gubi svoju vrednost čak iako vreme prolazi.

Međutim, u Novom Jerusalimu, čak i ulica po kojoj ljudi hodaju je napravljena od zlata, a gradski zid je napravljen od raznih dragulja. Da li možete da zamislite koliko će prelepe biti druge konstrukcije unutar gradskih zidova? Zato Bog ovako opisuje put i gradski zid.

Takođe, gradu ne trebaju da sijaju sunce ili lampe, zato što mu svetlost Božja daje svetlo i tamo nikada neće biti noći. Tamo je i Reka Vode Života, čista kao kristal, koja izvire iz trona Božjeg i jagnjeta sve do dole do sredine velike gradske ulice.

Sa obe strane Reke su zlatne i srebrne peščane plaže i drvo života, koje rađa dvanaest plodova, i daje svoj plod svakog meseca. Ljudi šetaju po baštama koje je Bog ukrasio različitim drvećem i cvećem. Sve u gradu je ispunjeno radošću i mirom zbog brilijantnog svetla i ljubavi našega Gospoda Isusa Hrista, a niti jedno od njih ne može biti adekvatno opisano rečima ovog sveta.

Od samog pogleda na ove briljantne i neverovatne scene tamo, vi ćete biti ushićeni; palate napravljene od zlata i dragulja, i providne i čiste zlatne ulice blistavog sjaja. To je svet van vaših mašte, a njegova slava i uzvišenost nemaju premca.

> *I grad ne potrebuje ni sunce ni mesec da svetle u njemu; jer ga slava Božija prosvetli, i žižak je njegov Jagnje* (Otkrivenje Jovanovo 21:23).

> *I videh nebo novo i zemlju novu; jer prvo nebo i prva zemlja prođoše, i mora više nema. I ja videh grad sveti, Jerusalim nov, gde silazi od Boga s neba, pripravljen kao nevesta ukrašena mužu svom* (Otkrivenje Jovanovo 21:1-2).

Za koga je, onda, tako prelepi Sveti Grad pripremljen? Bog je spremio Novi Jerusalim, među svim spašenim, za Svoju istinsku decu koja su sveta i savršena kao On Sam. Zato nas Bog podstiče da budemo potpuno posvećeni, govoreći: „*Uklanjajte se od svakog zla*" (1. Knjiga Solunjanima 5:22), „*Vi ćete bit sveti, zato što sam i Ja*" (1. Petrova Poslanica 1:16), i „*Budite vi dakle savršeni, kao što je savršen Otac vaš nebeski*" (Jevanđelje po Mateju 5:48).

Međutim, mada su ljudi potpuno posvećeni, neki će ući u Novi Jerusalim dok će drugi ostati u Trećem Kraljevstvu Nebeskom zavisno od toga koliko liče na srce Gospodnje i koliko ga delom dostižu. Ljudi koji uđu u Novi Jerusalim nisu samo posvećeni već Mu takođe i ugađaju tako što proniknu u Njegovo srce i povinuju se sve do tačke smrti, u skladu sa Njegovom voljom.

Pretpostavimo da ima dva sina u porodici. Jednog dana, otac dolazi sa posla i kaže da je žedan. Stariji sin je znao da njegov otac više voli bezalkoholna pića tako da je doneo ocu čašu mineralne vode. Uz to, on je izmasirao oca i pomogao mu da se opusti. Suprotno tome, mlađi sin je doneo čašu vode i onda se vratio u svoju sobu da uči. Ko od ove dvojice koji poznaju oca dobro, je više ugodio i zadovoljio oca? Naravno stariji sin.

Takođe, postoji razlika između onih koji ulaze u Novi Jerusalim i onih koji ulaze u Treće Kraljevstvo Nebesko u meri koliko su ugodili Bogu i koliko su bili verni u svemu, razumevši srce Božje.

Isus razlikuje veru petog nivoa kao veru koja ugađa Bogu kako bi vam omogućio da razumete volju Božju još dublje. Bog nam govori da je veoma zadovoljan ljudima koji su posvećeni sa verom. Bog govori da ga raduju oni koji žude da spasu ljude kroz širenje jevanđelja. Bog govori da su oni koji su verni u širenju Njegovog kraljevstva i pravednosti dražesni Njegovim očima.

## Kruna zlata ili pravednost

Zlatna kruna ili kruna pravednosti će biti dodeljena ljudima Novog Jerusalima. Ove krune su najvrednije Nebesima i nose se samo u posebnim prilikama kao što je velika svetkovina.

Otkrivenje Jovanovo 4:4 nam govori: „*I oko prestola behu dvadeset i četiri prestola; i na prestolima videh dvadeset i četiri starešine gde sede, obučene u bele haljine, i imahu krune zlatne na glavama svojim.*" Dvadeset četiri starešine su kvalifikovani da sede oko trona Božjeg. Ovde, „starešine" se ne odnosi na one koji drže pozicije kao starešine u nekoj crkvi, već na ljude koji su priznati kao oni koji slede Božje srce. Oni su potpuno posvećeni i ispunjavaju i vidljive svetinje i nevidljive svetinje u svojim srcima.

U 1. Knjizi Korinćanima 3:16-17, Bog nam govori da Njegov Duh uzima naše srce kao svetinju. Dakle, On će „uništiti" svakog ko osramoti tu svetinju. Graditi nevidljivu svetinju od srca je postati čovek duha tako što odbacujete svoje grehe, a graditi vidljivu svetinju je da potpuno ispunite vašu dužnost na ovom svetu.

Broj „dvadeset četiri" kod „dvadeset četiri starešine" stoji za sve ljude koji ne samo ulaze kroz kapiju spasenja sa verom kao dvanaest plemena Izraela, već su i potpuno posvećeni kao što su dvanaest Isusovih učenika. Pošto ste priznati kao Božje dete po veri, vi postajete jedan od ljudi Izraela, i pored toga moći ćete da uđete u Novi Jerusalim ako ste posvećeni i verni kao što su dvanaest Isusovih učenika bili. „Dvadeset četiri starešine" simbolizuju ljude koji su potpuno posvećeni, kompletno verni u svojim dužnostima, i priznati od Boga. On ih nagrađuje krunama zlatnim zato što imaju veru koja je dragocena kao čisto zlato.

Šta više, Bog daje krunu pravednosti ljudima koji ne samo da odbacuju grehe, već i ispunjavaju svoje zadatke na Njegovo zadovoljstvo sa verom koja udovoljava Bogu kao što je i Apostol Pavle uradio. Pavle se borio sa mnogim poteškoćama i proganjanjima zbog pravednosti. On je učinio svaki napor i istrajao u svemu u veri da dostigne Božje kraljevstvo i pravednost bez obzira da li jeo ili pio, ili u svemu što je radio; Pavle je slavio Boga i pokazao Njegovu moć gde god da je išao. Zbog toga je mogao da savesno prizna: *„Dalje, dakle, meni je pripravljen venac pravde, koji će mi dati Gospod u dan onaj, pravedni sudija; ali ne samo meni, nego svima koji se raduju Njegovom dolasku"* (2. Knjiga Timotiju 4:8).

Mi smo ispitali Nebesa, kako možete da napredujete ka njima, i različita mesta boravka i krune koje se daju kao nagrada shodno sa merom vere svakog pojedinca.

Da postanete mudar Hrišćanin koji teži ne ka prolaznim već ka večnim stvarima, i u veri napreduje ka Nebesima i uživate u večnoj slavi i sreći u Novom Jerusalimu, u ime našeg Gospoda Isusa Hrista ja se molim!

Autor:
## Dr. Džerok Li

Dr. Džerok Li je rođen u Muanu, Džeonam provinciji, Republika Koreja, 1943. god. U svojim dvadesetim, Dr. Li je sedam godina patio od mnoštva neizlečivih bolesti i iščekivao smrt bez nade za oporavak. Jednog dana u proleće 1974. god, njegova sestra ga je odvela u crkvu i kad je kleknuo da se pomoli, Živi Bog ga je momentalno izlečio od svih bolesti.
Od trenutka kad je Dr. Li sreo Živog Boga kroz to divno iskustvo, on je zavoleo Boga svim svojim srcem i iskrenošću, a u 1978. god., je pozvan da bude sluga Božji. Molio se revnosno uz nebrojene molitve u postu kako bi mogao jasno da razume volju Božju, u potpunosti je ispuni i posluša sve Reč Božju. Godine1982. je osnovao Manmin centralnu crkvu u Seulu, Koreja i bezbrojna dela Božja uključujući čudesna isceljenja, znaci i čuda se dešavaju u njegovoj crkvi.
U 1986. god. Dr. Li je zaređen za pastora na godišnjem Zasedanju Isusove Sungkjul crkve Koreje i četiri godine kasnije u 1990. god. njegove propovedi su počele da se emituju u Australiji, Rusiji, na Filipinima i mnogim drugim zemljama, preko Radiodifuzne kompanije Daleki Istok, Azija radiodifuzne kompanije i Vašingtonskog hrišćanskog radio sistema.
Tri godine kasnije, 1993. god., Manmin centralna crkva je izabrana za jednu od „Svetskih top 50 crkava" od strane magazina *Hrišćanski Svet (Christian World)* (SAD), a on je primio počasni doktorat bogoslovlja od Koledža hrišćanske vere, Florida, SAD i 1996. god. iz Službe od Kingsvej teološke bogoslovije, Ajova, SAD.
Od 1993. god., dr. Li prednjači u svetskoj evangelizaciji kroz mnogo inostranih pohoda u Tanzaniji, Argentini, Los Anđelesu, Baltimoru, Havajima i Nju Jorku u Sjedinjenim Američkim Državama, Ugandi, Japanu, Pakistanu, Keniji, Filipinima, Hondurasu, Indiji, Rusiji, Nemačkoj, Peruu, Demokratskoj Republici Kongo, Izraelu i Estoniji.
U 2002-oj godini nazvan je „svetskim obnoviteljem" od strane glavnih hrišćanskih novina u Koreji zbog njegovih moćnih bogosluženja u različitim inostranim evangelističkim pohodima. Posebno tokom njegovog

„Pohoda u Nju Jork 2006-te godine" koji se održao u Medison Skver Gardenu (Madison Square Garden) najpoznatijoj svetskoj areni i emitovan je za 220 nacija a na njegovom „Ujedinjenom Izraelskom pohodu" održanom u Kongresnom centru u Jerusalimu on je hrabro rekao da je Isus Mesija i Spasioc. Njegove propovedi emitovane su za 176 nacija putem satelita uključujući GCN TV i bio je svrstan kao jedan od top 10 najuticajnijih hrišćanskih vođa 2009-e i 2010-e godine od strane popularnog Ruskog hrišćanskog časopisa *U Pobedu (In Victory)* i nove agencije *Hrišćanski Telegraf (Christian Telegraph)* za njegovu moćnu svešteničku službu TV emitovanja i njegove inostrane crkveno pastorske službe.

Od avgust 2016. god., Manmin Centralna Crkva ima zajednicu od preko 120.000 članova. Postoji 10 000 ogranaka crkve širom planete uključujući 56 domaćih ogranaka crkve i do sad više od 102 misionara su opunomoćena u 23 zemlje, uključujući Sjedinjene Države, Rusiju, Nemačku, Kanadu, Japan, Kinu, Francusku, Indiju, Keniju i mnoge druge.

Do datuma ovog izdanja Dr. Li je napisao 105 knjige, uključujući bestselere: *Probanje Večnog Života Pre Smrti, Moj Život, Moja Vera I i II, Poruka Sa Krsta, Mera Vere, Raj I i II, Pakao* i *Moć Božja*. Njegove knjige su prevedene na više od 76 jezika.

Njegove Hrišćanski rubrike se pojavljuju u *Hankuk Ilbo, JongAng dnevniku, Dong-A Ilbo, Chosun Ilbo, Seul Šinmunu, Kjunghjang Šinmun, Hankjoreh Šinmun, Korejski ekonomski dnevnik, Koreja glasnik, Šisa vesti,* i *Hrišćanskoj štampi.*

Dr. Li je trenutno na čelu mnogih misionarskih organizacija i udruženja uključujući: predsedavajući, Ujedinjene svete crkve Isusa Hrista; stalni predsednik, Udruženje svetske hrišćanske preporodne službe; osnivač i predsednik odbora, Globalna hrišćanska mreža (GCN); osnivač i član odbora, Mreža svetskih hrišćanskih lekara (WCDN); i osnivač i član odbora, Manmin internacionalna bogoslovija (MIS).

## Druge značajne knjige istog autora

### Raj I i II

Detaljna skica predivne životne okoline u kojoj rajski stanovnici uživaju i prelepi opisi različitih nivoa nebeskih kraljevstva.

### Poruka sa Krsta

Moćna probuđujuća poruka za sve ljude koji su duhovno uspavani! U ovoj knjizi naći ćete razlog da je Isus jedini Spasitelj i iskrenu ljubav Božju.

### Pakao

Iskrena poruka celom čovečanstvu od Boga, koji ne želi da ijedna duša padne u dubine Pakla! Otkrićete nikad do sad otkriveni iskaz o okrutnoj stvarnosti Nižeg Hada i Pakla.

### Probuđeni Izrael

Zašto Bog upire Svoje oči na Izrael od početka sveta pa do današnjeg dana? Kakvo Njegovo proviđenje je spremljeno za Izrael u poslednjim danima, koji očekuje Mesiju?

### Moj Život, Moja Vera I i II

Najmirisnija duhovna aroma izvučena iz života koji je cvetao sa neuporedivom ljubavlju za Boga, u sred crnih talasa, hladnih okova i najdubljeg očaja.

www.urimbooks.com

www.ingramcontent.com/pod-product-compliance
Lightning Source LLC
LaVergne TN
LVHW041758060526
838201LV00046B/1045